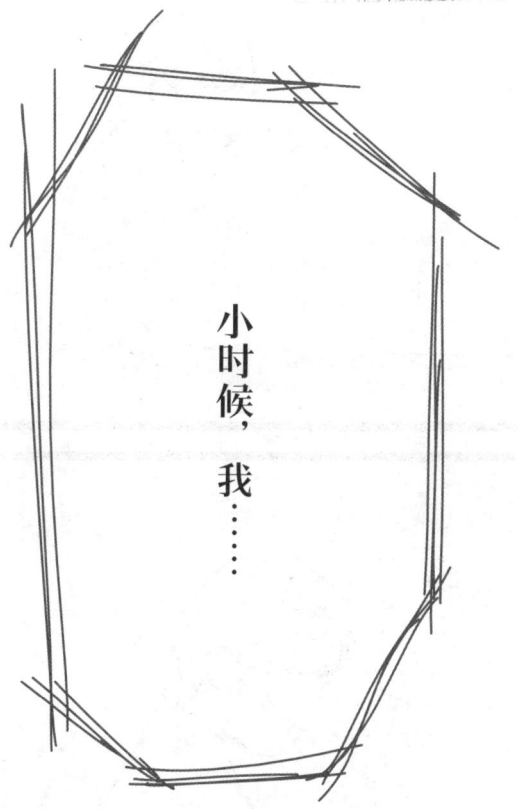

小时候,我……

我该去找谁说好呢？

①日本的盂兰盆节和我们的中元节相似，是为了迎接先祖的灵魂而设置的节日。

写给孩子的生存智慧

假如能与昆虫对话

[日]须田研司 编著
[日]裴孜尔 文
[日]树液太郎 绘
赵晴 译

中国画报出版社·北京

序

你是否常常陷入人际交往的困境？和父母争执，生朋友的气，害怕竞争产生的敌意……

你是否常常纠结于个人成长与环境的关系？是顺应环境还是挑战自我、走出舒适圈……

翻开这套书，跟随两个男孩儿的脚步，来一场与水生生物和昆虫的对话，聊聊它们的生存法则，倾听它们的谆谆"教诲"，也许你会豁然开朗。

自然界中的各类生物在长期的进化过程中，各自练就了一身特殊本领，以适应环境变化，使种群得以繁衍生息。人类以自然为师，通过模拟生物的特殊本领，将它们移植到工程、技术和艺术等领域。其中，水生生物和昆虫也为人类的发明创造提供了不少灵感。例如，模拟鲨鱼皮肤的减阻材料，模拟水母感受器的"水母耳"风暴预测仪，模拟蜜蜂复眼系统的距离和速度测量仪器，还有模拟蚊蝇嗅觉系统的高灵敏度气体分析仪。

生物的特殊本领不仅包括它们独特的生理结构与机能，它们与同伴、与天敌、与环境相处的模式，也蕴含了丰富的生存智慧。例如，壁虎、蝾螈等的断尾求生，昆虫应对不良环境的休眠和滞育，以及珊瑚与小丑鱼、发光细菌与灯笼鱼之间建立的资源交换、相互庇护的共生关系。这一切无不在提醒我们：地球上的生命个体都无法孤立存在，均处于复杂的关系网络之中，从而形成了地球生命共同体，每个个体的生存都有赖于成员之间的相互关系。人与人，人与社会，人与自然之间亦是如此。如何正确地认识自己、扬长避短、伺机而动，如何依靠广泛的合作实现资源的交换与共享……都是我们可以从大自然中学习的经验。

个体和个体、个体和环境彼此适应，在持续的互动中协同进化，从而形成了地球上丰富多样的生物类型。同样，我们也应该认识到人的多样性，学会与不同类型的人相处，树立合作共赢的理念，对不同文化或文化多元性持开放和尊重的态度。这种多样性是人类文明进步的源泉，就像生物多样性在生态系统中的作用一样。接受并欣赏这种多样性是促进交流沟通、避免偏见和歧视、建立多元化人际关系的重要前提。

以大自然为师，聆听它们的语言，从中获取无尽的智慧和养分。这套书融合了对白、漫画、小知识的丰富形式，将14种水生生物、14中昆虫的生理特征、生态习性与生存策略巧妙贯穿在一起，生动描述了生物间的相处之道。快翻开它，开启一场特别的探索之旅吧！

庄昀筠
2024年2月22日
于青岛

昆虫比人类早诞生了5亿年，是人类的前辈。

（大约）

　　昆虫比人类早诞生了大约5亿年，是人类的前辈。

　　也许问得有些突然，如果提起"前辈"这个词，大家会联想到谁呢？是社团的前辈，还是公司的前辈？……恐怕没有人会想到昆虫吧。但其实作为地球上的生物，昆虫可谓是人类的老前辈呢！

　　人类诞生于大约700万年前，而昆虫却诞生于大约4.8亿年前。也就是说，在人类出现约5亿年之前，昆虫就在这个地球上生存了。

　　昆虫的种类也是多得数不清。人类等哺乳动物有大约6000种，而昆虫的种类却多达约100万种。地球上的生物中，昆虫占了大约75%。不仅如此，至今还每年都会发现昆虫的新种。如果以现在的速度继续发现新种并记录下来的话，要完成所有昆虫的记录，据说还需要500年的时间。

地球上最繁盛的生物，不是人类，而是昆虫。

这本书的舞台是夏季的一片杂木林。因不善于处理职场的人际关系而烦恼的青年夏田太郎与会说话的昆虫们相遇，并从它们——生物界的老前辈——那里学到了"大自然的法则"。

假如能与昆虫对话……它们到底会告诉我们什么呢？

夏田太郎（29岁）

正为职场的人际关系而烦恼。
现在正在老家度假。
口头禅是"的确如此……"

目 录

如果想获得，
那就先给予吧。

大黑蚁

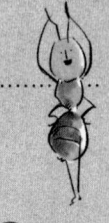

→ P.14

所谓"常识"，
往往是"偏见"。

马蜂

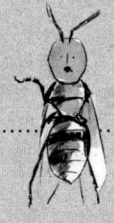

→ P.28

与其改变别人，
不如改变自己！

沙漠蝗虫

→ P.44

"轻松"和"快乐"
是两码事儿。

拟步甲虫

→ P.58

能把困境当作
"机会"的人
是强者。

沙漠蚂蚁

→ P.76

"可以依靠的人"，
也许是"使你变得
无能的人"。

蚕蛾（幼虫）

→ P.90

如果立场发生变化，
"好恶"也会随之发生变化。

七星瓢虫

→ P.108

长处和短处是相伴相生的。

叶䗛

→ P.120

用"特长×特长"，来突破！

长戟大兜虫

→ P.132

心里想的却不说出来，那和"什么也没想"不是一样吗！

孔雀蜘蛛

→ P.150

距离太近，容易产生矛盾。

草蛉

→ P.162

令人意外的是，"大家的幸福"和"个人的幸福"，其实并不一致呢。

蜜蜂

→ P.176

"保护什么"，就意味着"放弃什么"。

亮灰蝶

→ P.190

不受伤，不是真正的强大。学会再生才是真正的强大！

竹节虫

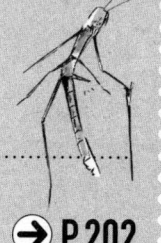

→ P.202

如果你真的对一件事入了迷，那就没有时间不满了。

大黑蚁

→ P.216

如果想获得，那就先给予吧。

哦，这只是一点儿小意思……

大黑蚁
膜翅目蚁科

分布 中国、日本、朝鲜、韩国等
体长 7~12毫米（工蚁）
约17毫米（女王蚁）

蚂蚁可真了不起啊!大家都生活在一起互相帮助呢。

这不是和人类一样吗?

哪儿呀!人类可不是这样的!特别是长大了以后,人类就变得患得患失了呢。

患得患失?

是呀,对他们没有利益的事,他们就不去做。

你举个例子?

比如我无论怎么忙,周围的人也都像假装没看见一样。"只要自己OK就行啦!"我们公司就是这种感觉。我很希望他们能帮我一下,可是谁也不来帮我。

嗯,生物嘛,本来就是如此啊。

但是……真的觉得好冷漠啊……

从蚂蚁的立场来看,其实患得患失地去生活是……

这是为了生存下去的自然选择啊!患得患失地生活,完全可以啊!

 ……但是,与其说你们蚂蚁是患得患失,倒不如说是你们都在为对方着想啊?

 不,完全不是!

 啊?!

 我们蚂蚁是不能单独存活下去的,需要"帮助和援手",所以我们要和其他蚂蚁一起合力寻找食物、照顾蚂蚁宝宝。这首先是为了自己呀!

 嗯,不过即使如此,你们也合作得很好,真令人羡慕呢!

 对了!告诉你一件事吧!你知道吗?我们蚂蚁是和一种昆虫相互协力而生存的。

 蚂蚁和其他昆虫相互协力?没听说过呢。

 那么我来说答案啦!那就是……

与此同时

就是**蚜虫**！我们保护蚜虫不被瓢虫吃掉，作为回报，蚜虫会把甜甜的蜜露送给我们。我们和蚜虫是"给予保护"和"收获蜜露"的关系。这正是所谓的"give ant（and）take[①]，哈哈哈！收和取"啊！

 哈哈哈！说得真妙！

 生物本来就是患得患失的。所以**如果你"想获得"，就首先要"给予和付出"**。不仅是我们，其他昆虫也都明白这个道理。这就是"大自然的法则"！

 没想到从蚂蚁身上学到了怎么生活呢。但你们不会有"以尽量少的给予，取得尽量多的收获"的想法吗？

 抱有这种想法的生物啊……

---

① 蚂蚁的英语是ant，这里故意把"give and take"写成了"give ant take"。

最终一定是受损失的！ 尽管它们也许会有一时的收获。你知道有一种叫"加拿大一枝黄花"[1]的植物吗？这种植物啊……特别令人讨厌！它们为了自己的成长，放出一种令其他植物难以成长的化学物质，这样它们就长得到处都是。

啊！它们强夺周围的土地啊！

嗯，但**最终它们也因自己放出的化学物质而枯萎！**

……就好像有些人把太多的心思放在拉别人后腿上，结果自己的事也毫无进展一样！

正是如此！顺便说一下，因为它们是使其他植物枯萎的外来植物，所以人类似乎也很讨厌它们呢。其花粉并不是由风传播的，但却被人类误认为是它们引发了花粉症。……这就是因**风评引起的负面影响**啊！

① 加拿大一枝黄花
开黄花的外来植物，被列入《中国外来入侵物种名单》。它从根部放出化学物质，阻碍其他植物的生长，这被称作"化感作用"。但是如果这种化学物质释放过多，它本身也会受害枯萎。

风、花粉、风评……哈哈,虽然说得巧妙,不过你还没有回答我的问题呀!

像加拿大一枝黄花那样,一旦给人留下了不好的印象,以后很多事都会使人往坏处想。所以说,如果真心想获得的话,**绝不能互相抢夺,相互给予才是最好的方法。**重要的是,要让自己成为别人"想帮助"的对象。就像我们蚂蚁想保护蚜虫,而蚜虫也想给我们花蜜一样,这不是最理想的关系吗?

的确是!我感觉受益良多呢!

顺便再告诉你一个无关紧要的事吧!你知道蚜虫给我们的蜜露是从哪儿来的吗?其实啊,是从……

 我们吃的蜜,是从蚜虫的屁股里出来的。

 是不是真的啊?!

 关系很铁吧!哈哈!

 太倒胃口啦!

大黑蚁的教诲

但凡生物，考虑自己的得失都是理所当然的。但做事如果只考虑自己的利益，从长远来看一定会受损。把心思过分放在别人的言行上会浪费自己的时间，也会因为被人讨厌而受到攻击。

如果想为自己谋取利益，就要首先给对方利益，并让自己成为一个别人"想帮助想和你在一起"的人。从结论上说，就是与别人建立起强有力的协作关系，才是最受益的生存方式。**来！让我们停止互相争夺，开始相互给予吧！**

共生与寄生

虫言虫语 1

【共生】

生物一起生存,叫做"共生"。其中相互有利益关系的叫"互利共生",只有一方受益的叫"偏利共生"。

互利共生 比如大黑蚁保护蚜虫以获得蚜虫的蜜,这就是互利共生。此外,吸花蜜的昆虫与通过昆虫传播花粉的花的关系,也是互利共生。

有趣的是金合欢蚁与金合欢的关系。金合欢蚁吃金合欢的树液,并在其隆起的刺根部筑巢生息。作为报答,金合欢蚁会替金合欢树赶走吃金合欢树叶的昆虫。有一种说法是,金合欢树的树液里含有某种成分,它会使金合欢蚁无法消化其他植物的树液。也就是说,金合欢蚁在以金合欢树的树液为食的过程中,渐渐形成了"金合欢依赖症"。

偏利共生 比如伪蝎,它没有翅,靠紧贴在长臂天牛身上移动。

金合欢蚁与金合欢树

它们的这种关系，只对伪蝎有益，所以两者的关系是偏利共生。另外顺便说一下，伪蝎不是昆虫，而是与蜘蛛相同的节肢动物。

长臂天牛与伪蝎

【寄生】

靠吸取其他生物的营养而生存的，叫做寄生。比如茧蜂会把自己的卵刺入卷心菜叶上的菜粉蝶幼虫中，茧蜂的卵长成幼虫后就会吃掉菜粉蝶的幼虫而长大。当然，菜粉蝶的幼虫就会因此而死去。

那么我们再从卷心菜的角度来看一下吧。对于卷心菜来说，吃它叶子的菜粉蝶幼虫是天敌，因此在自己的叶子被吃的时候，它就会放出一种吸引茧蜂的气味。这种气味将菜粉蝶幼虫的位置告诉了茧蜂，让茧蜂替自己消灭了天敌。也就是说，卷心菜与茧蜂之间，建立了互利共生的关系。

茧蜂与卷心菜

所谓『常识』，往往是『偏见』。

嗡嗡嗡

马蜂

膜翅目胡蜂科

分布 世界各地
体长 27~33毫米（工蜂）
　　　37~44毫米（女王蜂）

哇！马蜂！快跑！！

 等一下！我不会蜇你的，不要跑啊！

 你胡说！马蜂就是会蜇人的！这是常识啊！

 什么？！对你们人类所说的"常识"，我真是无语啊！完全是误会！你觉得马蜂蜇人是吗？

 当然！这是常识！

 那么你的常识今天就要被颠覆了！我告诉你吧，**我是不蜇人的马蜂。**

 你是认真的？

 你不信？那我蜇你一下试试？

 不必不必！

 哈哈，开玩笑的！我即使想蜇你也是蜇不了的。因为……

雄马蜂是不蜇人的。① 我们雄马蜂没有毒刺啊。

 什么!

 毒针原本是由产卵管变化而成的,所以只有雌马蜂才有呢!

 哦,还真不知道原来还有不蜇人的马蜂……

 嗯,还有不叮人的蚊子呢!

 什……什……什么?

 看你的反应这么有趣,我再多告诉你一些吧!叮人的蚊子都是雌的,雄的是不叮人的哟!雄蚊子和雌蚊子平时都是以吸花蜜为生的,只是雌蚊子在产卵期特别需要营养,才吸人血啊。

 啊!怎么觉得我的常识都要被你推翻了呢……

 好吧!那就把你的常识统统推翻了吧!我一口气全说了啊,你听着……

---

① 雄马蜂比雌马蜂数量少得多,而且外出劳作的一般是雌马蜂,所以才会让我们误认为马蜂都蜇人。

真的吗？！

有不臭的臭虫哦

蝽（臭屁虫）以臭闻名，不过有一种蛛缘蝽却散发出类似青苹果的气味。当然每个人的感觉可能不同啊。

田鳖是用屁股呼吸的

它们生活在水中，从臀部的呼吸管吸取空气。哈哈！

也有不好斗的甲虫和锹形虫哦

种类不同，性格也会不同。比如大象甲虫类和彩虹锹形虫比较温和；而南洋大兜虫、叉角锹形虫性格则比较暴躁。

瓢虫要夏眠

与冬眠相对而言，叫做『夏眠』。

发光的萤火虫（成虫）很少

在日本大约有50种萤火虫，其中发光的不过15种。

蟋蟀是用脚听音的,
它们的耳朵在前足的外侧。

菜粉蝶是外来种。

有的毛毛虫是无毒的,
当然也有像茶毛虫刺蛾等有毒毛的毛虫哦。

蛾与蝶没有明确的区别。
第40页有详细说明哦!

锹形虫的钳夹部分不是触角,而是下巴!

甲虫是用触角,而锹形虫是用下巴战斗的。

蝶是用脚来感知味道的,
而且是用脚端处的毛来感知。

大多数的蟑螂是在室外生活的。
世界上的蟑螂大约有4000种。其绝大部分是生活在森林等地的。

下巴？！锹形虫的钳夹部分竟然是下巴？！

 哈哈哈，你的反应可以打满分呀！

 这可不是装出来的反应！我是真的吃惊啊！我一直不知道瓢虫居然要夏眠！只知道冬眠，第一次听说夏眠呢！

 是吧！你们人类啊，年龄越大就越把自己禁锢在所谓的"常识"的框架里，还对自己的错误认知毫无察觉。就像你一样，一味地认为"马蜂＝蛰人"。

 嗯？你不是没有毒针吗？怎么说话带刺儿呢……

 哈哈！不过对事物有一般的认识框架也不完全是坏事，它有两点好处。第一点是好懂，有了这种基础框架，思维会立刻进入大脑，好记又好懂啊。

的确是很好记!

第二点是"特别轻松"。思维进入了既定的框架,就不必自己进一步去思考了。

嗯……可是我怎么觉得这样很危险呢……

没错!危险就在于安逸地禁锢在一个固定的思维之中,就会把框架之外的东西排除掉!不仅如此!更危险的是,即使既有的固定观念并不正确,你也察觉不到,甚至还能理解它,就像……

 就像刚才的你! 刚才不是有人说"马蜂蜇人"是常识吗?

 是是是!是我说的,我说错了还不行吗!(唉!真是没完没了……)

常识与偏见只隔一线哪。 虽然不能说"固有概念绝对不行",但要注意的是,千万不能不知不觉地陷入偏颇啊。

的确!看社交网站(SNS①)时会发现有些人真的把自己的偏颇之见当作"常识"而强加于人呢!

嗯?SNS?哦哦,是……是啊,对那些人真难以理解……

他们满脑子的偏见!对吧?

那个……说实话我其实不知道SNS是什么……哈哈……对不起,SNS是什么呀?

不知道啊!不知道就请不必附和啦!

SNS是马蜂蜇人的意思吗? 这就是偏见啊!

(天呐!完全不是这个意思呀!)……你回你的蜂巢去吧!

嗨!瞧你说的什么话!我……

---

① SNS是日本的社交网站,Social Networking Services的简称。

我回不去啦!

 我回不去啦!
回不去啦!我现在无家可归啦!雄马蜂在交尾期结束后就要离开蜂巢啦。而现在正是这个时期……①

 啊?!!!

 这有什么好奇怪的!这是"男人"的常识吧!

 非也非也!你这是超级超级偏见呢!

---

① 交尾期结束后,女王蜂就会离巢而去。无法交尾的雄蜂们也会纷纷出巢去寻找新的女王蜂。

马蜂的教诲

进入常识这个框架之中很容易,但与此同时也容易走入认知的误区。我们要记住"常识与偏见之间,只有一线之隔",也许"对自己来说是常识,可是对别人来说却并不是"。

*实际上，雄马蜂与人类相遇的可能性很小。

虫言虫语 2

蝶与蛾有区别吗?

蝶与蛾，一般被认为有以下几点特征。你觉得哪一条是正确的?

A. 白天飞的是蝶；夜晚飞的是蛾。
B. 无毛的蠋①是蝶的幼虫；有毛的毛虫是蛾的幼虫。
C. 蝶的翅很美；蛾的翅不华美。
D. 蝶的触角是圆的；蛾的触首是尖的，且呈锯齿形。
E. 停落时不张开翅的是蝶；相反，停落时张开翅的是蛾。

事实上，以上哪一条都不是完全正确的。蝶和蛾，只凭外观和行动是无法正确区分的。

凤蝶

毒蛾

---
① 蠋，泛指鳞翅目幼虫。

A. 有关昼与夜：一般来说，蝶在白天飞行，蛾在夜间飞行。但是，在白天飞行的蛾也有很多，同样也有在夜晚飞行的蝶。

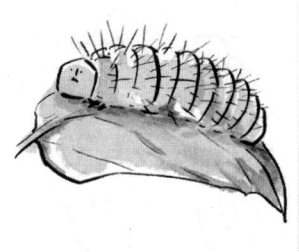
岐阜蝶的幼虫

B. 有关蠋与毛虫：在蛾的幼虫之中，也有无毛的蠋。而岐阜蝶等的幼虫却是毛虫。

C. 有关翅的颜色：有的蛾的翅也是很美的，如锦纹燕蛾和萨摩锦蛾。相反，有很多弄蝶和蛱蝶类的翅却并不起眼。

D. 有关触角的形状：有些蛾的触角是圆的，比如红斑蛾等。同样，也有些蝶的触首是呈尖状的，比如稻弄蝶等。

E. 有关停落的方法：停落时不张开翅的蛾及张开翅停落的蝶都很多。

萨摩锦蛾

顺便说一下，蝶的种类大约有1.8万多种，而蛾竟然有12万种之多！但是它们都被分类于鳞翅目。……这，好像有点儿同情蛾呢。

与其改变别人,
不如改变自己!

沙漠蝗虫

直翅目蝗科

分布 非洲
体长 约50毫米

喂!你刚才跟蚂蚁聊天儿的时候,抱怨"自己那么忙,周围的人却不来帮你"了吧?

嗯?!啊,是啊……不过我说的可都是真的呀!(哎哟,这蝗虫的态度好像要吵架呢……)

也就是说"你希望周围的人来帮助你",对吧?换个说法就是,你对他们怀有期待,你期待他们能有所改变,是不是呢?

这……

或者反过来说,就是"自己无需改变"吧!

没有!我可没有这么想!

非也非也!你就是这么想的!你的内心在想:"问题不在我,是他们的错!"你一边抱怨,一边还期待他们能够有所改变。你这种想法呀,简直是……

 你这种想法简直是令人难以置信！ 真是太荒唐了！就好像有一只虫子，它找不到吃食，于是它一边抱怨"我没问题，都是它们的问题"，一边什么也不做，待在那里等死一样荒唐！你说，你见过这种令人难以置信的虫子吗？

没有……嗯,会说话的虫子,我也是第一次……

 我们虫子都是拼了命在生存呢。坐等周围环境的变化,突然有一天食物从天上掉下来,然后我们惊叹:"哇啊,我真是一只幸运的虫子!"哈哈哈!**哪有这么美的"虫"生啊!**

 额……(它还会文字游戏啊……这里没必要吧。)

 其实我爷爷①就是你这种温温吞吞的性子,它老人家散漫地单独生活,躲在草堆里吃吃草……就是那种所谓的草食男子,哦,不是,是草食虫子。

 又来讽刺我哈。

 但是,时代变了!我出生在现在这个食物不足的时代啊!如果还像爷爷那样生活,我是生存不下去的!所以……

———
① 沙漠蝗虫的爷爷

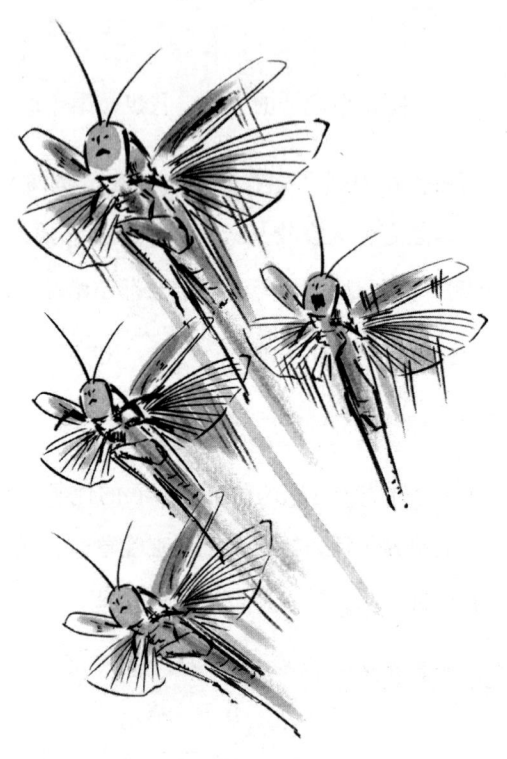

 我们改变了自己的生存方式！不再是一只一只地单独行动了，而是聚在一起觅食了！我们为了适应长距离的移动①，把翅变长，性格也变得有些急躁！说到这儿，我有个问题，请你回答，我和你的区别在哪儿？

---

① 因沙漠蝗虫来袭而使农作物受害，是非洲附近的人们大为烦恼的问题。1954年，在肯尼亚发生的沙漠蝗虫灾害，经推测竟达500亿只蝗虫之多。

嗯??……全部。

唉,你真是笨极了啊。我告诉你吧,我与你的区别就是,身陷困境的时候,去改变谁?你在困境中时,妄想去改变别人;而我则是改变自己。区别就这一点!

虽然有点儿上火,但还真的无话反驳呢……

你觉得改变别人比改变自己轻松,对吧?其实啊,改变别人是最难的事情啊!别人也是有思想和意志的呀。有这样一句名言:"试图改变别人者,毁灭;改变自己者,生存。"

哦哦!还真像是某位伟大人物的名言呢!是谁的名言来着?

 是沙漠蝗虫之王的我说的!

 （嗨！还不如不问呢！）

 嗯，总之呢，以自己之力最容易改变的就是自己啦！

最容易改变的就是自己啊！

不用说两次吧!

陷入苦难时,首先要冷静地分析什么是可以改变的,什么是不能改变的。那些不能改变的事,就先放在一边,把精力投入可以改变的事上。这是"自然的法则"!我说的话,你就当作受骗,不如试一次?试试改变自己吧!不要总是觉得"别人不帮助"你,而要告诉自己,"这是一个让自己成长的机会",怎么样?

但是……改变自己哪有那么简单呢!

也是,人类这种生物啊,与其说是随着环境改变自己,不如说是为了迎合自己而改变环境。改变自己对于人类来说很难,可以理解。

你好像一直在责备我呀,可是你们那么一群虫子一起生活,也一定会有关系不好的吧?也会吵架吧?

吵架?当然有啦!不仅吵架,而且……

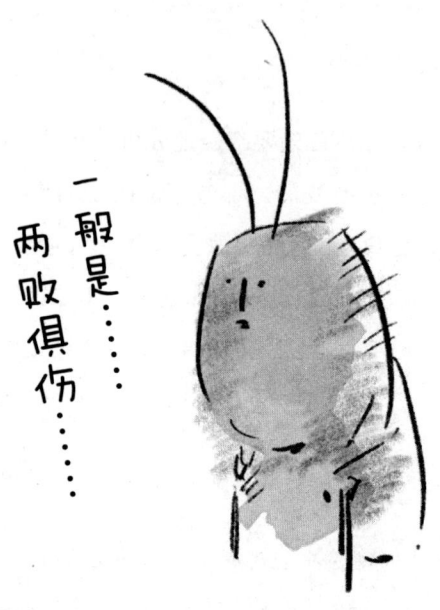

 两败俱伤是日常便饭啊!

 原来也关系不好啊!

 这个嘛,其他虫子不改变的话,我有什么办法呢?不是我的错哦。

 哈哈,那你就把刚才说的名言撤回呗。

沙漠蝗虫的教诲

陷入困境时,不要指望改变周围的人或事。因为相对来说,改变自己无疑是最简单的。你想想看,如果以你之力能改变别人的话,那你还会陷入苦恼吗?指望周围的人改变,哪有这么幸运的事呢?

重要的事说多遍哦!**最容易改变的是自己,不要期待别人改变!** 让我们来期待自己吧!

昆虫的适应能力

虫言虫语 3

除了沙漠蝗虫以外，根据环境改变自己，或去寻找适合自己生存环境的昆虫还有很多。比如以下几个例子：

【大紫蛱蝶的幼虫】

为了躲避天敌的袭击，日本"国蝶"（国家的代表性蝶）大紫蛱蝶的幼虫会根据环境把自己的体色改变成不易被天敌发现的颜色。出生于夏季的幼虫，身体颜色呈近似于植物叶子的绿色。经过几次蜕皮之后，到了冬季，它的体色就会变成酷似枯叶的茶色。之后春季到来时，它会再次蜕皮变成绿色。

酷似枯叶的大紫蛱蝶幼虫

【黑脉金斑蝶】

黑脉金斑蝶是迁徙于加拿大与墨西哥之间的一种蝶。迁徙距离

如同叶子般的
大紫蛱蝶幼虫

达3000千米！它们每年在加拿大和美国的国境附近生活到8月底左右，然后为了避寒而南飞。11月到次年3月之间，它们在冷杉树上过冬。因为一棵冷杉树上聚集了数万只黑脉金斑蝶，有时会把树枝压折。待天气渐暖，到了3月底，它们会再次北归，一边交配产卵，一边重返加拿大。途中其幼虫会吃一种叫马利筋的毒草，并在体内蓄毒。这是为了防止鸟类等外敌的袭击。

此外还有以"红蜻蜓"而闻名的秋赤蜻，它们夏季为了避暑会飞到高原，到了凉爽的秋季再返回低地产卵。次年4月，天气变暖，它们的幼虫（水虿）就出生了。

所有昆虫都有一个共同的特点，那是一个严酷的现实——"只有适应环境才能活下去"。

黑脉金斑蝶

『轻松』和『快乐』是两码事儿。

一直在发抖啊

拟步甲虫
鞘翅目拟步甲虫科

- 分布 纳米布沙漠
- 体长 约15毫米

刚才你被"漠虫"说教了吧?

 漠虫?

 哈!就是沙漠蝗虫!

 你这是什么简称呀!

 它呀,真是奇怪!居然说什么"与其改变别人,不如改变自己"。

 哈哈,刚才它的确是说了类似的名言呢。

 这也太过分了吧,为了活下去居然把自己的体色、翅的长度,甚至连性格都改变了!我和它一样也生活在非洲呀,却不像它那样,对自己那么苛刻。

 不好意思,能不能问你,你怎么……

 一直倒立着呢?

 我反倒要问问你,你为什么不倒立呢?要知道这可是绝好的机会呀!

 机会?

我生活的沙漠，非常干燥，几乎不下雨，因此水特别的珍贵。所以我倒立呀。

……不明白你说的"所以"是什么因果关系……

你这人的理解力实在差劲儿！比如像今天这样有雾的天气，身体上容易集结水滴是吧？所以我就一动不动地倒立呀！倒立的话，身体上的水滴就会慢慢流到嘴边，我就有水喝了呀！明白了吧？

太难理解了！那么你要倒立多长时间呢？30分钟？

非也非也，30分钟也太……

那……15分钟？

也不对不对……

5分钟？

不不不……

没那么短,几个小时吧。

 天哪!你是受虐狂吧!

 哈哈,有雾的日子十天里只有一天左右嘛。我住的沙漠被称为地球上最干燥的地域,所以不能失去获得水的机会啊!

 那不是几乎喝不到水吗!说到改变自己,你比沙漠蝗虫更甚呢!……你不觉得辛苦吗?

 反问你啊,你觉得有不经辛苦就能得到的快乐吗?

 嗯?

 忘了你是个理解力差的人了。我给你举个具体的例子吧,你感受一下。你一会儿打算走出这片杂木林吧?不过很遗憾,你从这儿再也走不出去了!

你胡说些什么呀!我小时候总在这里玩儿的!

 你小时候?你小时候没有走到树林深处吧?告诉你吧,这片杂木林啊,要是走到深处就再也出不去了!我们都称之为"单'虫'道森林"呢!

 什么?!不懂你的意思!

 可怜啊!不知情况就进来了啊!真是**夏虫扑火**、自入险境啊!

 ……这,真的回不去了?!这不可能啊!

哈哈哈！我骗你的！

 你！

 你肯定能回去的！哈哈！开个玩笑而已！

 这种玩笑能乱开吗！……不过虽然很生气，但也松了一口气。能出去，真是太好了！可你为什么要骗我呢！

 我先问你，当你听到"不能回去"时，是一种什么样的心情呢？

 嗯，绝望，是绝望，就好像掉入了地狱之底。

 那得知"可以回去"时呢？

 放下心来了，开心得如同登天啊！

 好，那么请看下图。

 ……这是什么？

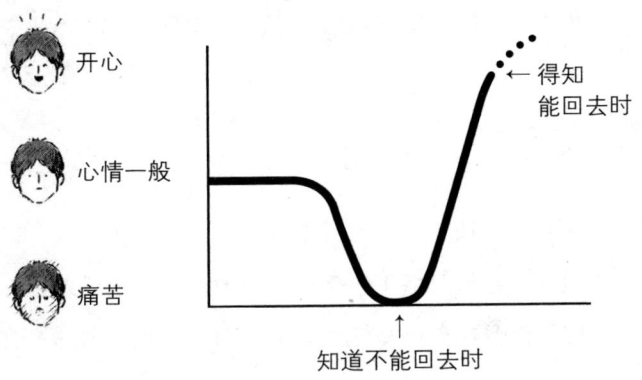

这是表现你心情变化的表啊。当你听到"不能回去"时,心情沉重得好似坠入地狱,然后又得知"原来可以出去",你的心情一下子开心得像升天了一样。这就是因为你在痛苦之后才有的喜悦呀!如果我一开始就说可以回去的话,你会那么开心吗?

嗯……不过如果可能,还是想轻松地收获喜悦啊。

像你这种把"轻松"和"快乐"混为一谈的人还真不少！

 咦？轻松不是快乐吗？

 你真这么认为？轻松只能得到"一时的快乐"。得到后你会很快习惯于快乐，渐渐地就会忘记感恩之心。然后你会在有一天突然发现自己的惰性，于是陷入自我厌恶。

 ……

 再举个例子吧。前几天我和朋友们玩捉迷藏，那个捉我们的朋友跑得可快了！但我们都逃得更快，总算没被他抓住……哈哈，真是开心！

 ……和这个话题有关系吗？

 请听到最后哦！后来轮到另一个朋友来捉我们，他说跑多了容易口渴，就没有认真跑，所以我们逃得可轻松啦！你觉得这捉迷藏玩得开心吗？

嗯……那就没意思了!

对吧。你看,"轻松"和"快乐"是两回事呢!经历过痛苦和危险,才能真正体会到喜乐和平安,也才能真正体会到"真好啊!"的感觉。这就是生物啊!我有一句喜欢的名言,是这样说的:"没有不断的斗争,就不可能保持现状,也不可能进入一个更好的状态。"

这是谁的名言呀?……不会又是虫"大人"吧?

哦!虫子给你"送信儿"①了吗?哈哈!你的预感不准啦,告诉你吧!说这个名言的人是……

---

① 日语中的"虫子送信"指虽没有根据,但有不好的预感。

 亨利·法布尔[①]

 啊！！！真的呀！

 是呀，是法布尔写的《科学故事》里的一句话。在这本书里，他讲述了在农业还不发达的时代，人们为收成不足而烦恼；后来农业发展了，人们又为害虫的危

[①] 亨利·法布尔（1823—1915），法国生物学家。十四岁时因其父亲的事业失败而流浪街头。后来成为学校的教师，生活一直非常窘迫。代表作《昆虫记（法布尔的昆虫记）》。

害而烦恼。这就是"活着"的本质啊！真不愧是法布尔！

你这话的意思是经过苦之后才有甜，而甜之后又会有下一个苦吗？

对！这个世间的所有生物都是这样，重复着苦和甜。这就是"自然的法则"啊！

唉，突然有种无奈的感觉呢。

那我反问你吧，以后的人生，你想轻松度过吗？

想啊！但如果你问我"那是不是真的快乐"，我倒是的确回答不了呢。

嗯，你的心情可以理解啊！当轻松成了"习惯"，你就会在某一天忽然问自己"我到底在做什么呢"，然后会被一种虚无感包围。啊！……难道是！……啊呀呀呀！

喂！你怎么啦？！

水滴啊！ 因为这一滴甘甜的水啊，我的倒立就停不下来！

 你怎么看起来像喝醉了……?

 哇!湿润的感觉渗透到全身!简直太舒服了!我已经……那个……口干舌燥啦!

 都"醉"得口齿不清了呢!

 来来来,咱们一起喝!这样咱们就算是"倒友"(倒立之友)啦!

 哈哈,还不算是"朋友"吧。

拟步甲虫的教诲

要注意将"轻松"与"快乐"区别开，可以说这是两个完全相反的概念。一直躺在"轻松"里，就绝对不会抵达"快乐"之岸。所谓"轻松"的尽头，有的只是强烈的虚无感罢了。

活着就是又苦又甜的。或者说，**没有苦，也就没有真正的快乐和喜悦。**如果不牢记这一点，就会沉浸于轻松带来的瞬间快乐而身陷于怠惰的生活之中不能自拔，千万要小心啊！

为了下一滴水,还要倒立几个小时,继续等待……

虫言虫语 4

耐心等待的昆虫们

拟步甲虫为了使身上的水滴流入口中而持续倒立。除此之外,还有几种昆虫也是通过耐心等待来捕获食物的。

【蚁狮穴】

蚁狮的幼虫在成长为成虫之前的两三年之间,一直生活在地下。它们在干燥的沙土下筑一个研钵状的巢,等待经过的蚂蚁落下来。蚂蚁经过时,腿就会陷入沙土进而落入蚁狮穴中。为了使蚂蚁更容易陷入沙中,蚁狮的幼虫一直不停地在地面下松土,一旦有蚂蚁落下,它们就用自己的大下巴刺入蚂蚁的身体吸取体液(外壳被扔掉)。不过,蚂蚁落下的频率不高,一个月大概只有几次吧。

【兰花螳螂】

兰花螳螂的幼虫看起来酷似兰花。它们趴在植物上等待捕食来吸花蜜的蜜蜂、蝴蝶。

兰花螳螂不只是等待,还会发出一种昆虫喜爱的气味。因此

陷下去啦

蚁狮穴

猎物来了！

等待猎物的兰花螳螂

也有一些昆虫是被气味所吸引而自己去接近它的。不过在它们成长为成虫之后，因为体色发生变化，捕获猎物就比较难了。此外，兰花螳螂的幼虫之所以让自己的身体酷似兰花，除了为捕获猎物之外，还为了避免鸟类的攻击。

【球果尺蛾】

尺蛾的幼虫身体酷似树木的枝芽，大多是为了保护自己免受天敌的攻击。不过也有像生长在夏威夷的球果尺蛾幼虫那样，是为了在树枝上等待猎物。猎物飞来时，它们就用尖尖的爪子将猎物抓住。顺便提一下，蝶类和蛾类等鳞翅目的99％以上都是草食动物。球果尺蛾的幼虫属于很少见的肉食蛾。

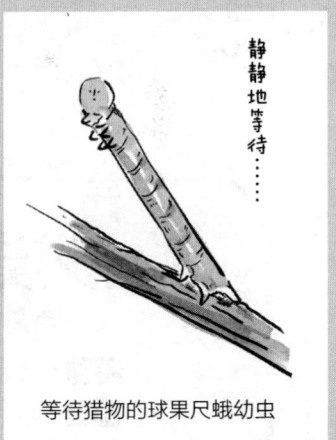

静静地等待……

等待猎物的球果尺蛾幼虫

能把困境当作「机会」的人是强者。

沙漠蚂蚁
膜翅目蚁科

分布 北非撒哈拉沙漠
体长 约8毫米

拟步甲虫这家伙对自己也太狠了吧。

 是啊,连续倒立几个小时……不过这个话题,刚才已经说过了吧……

 我可不喜欢那么麻烦、辛苦,能轻松地获得多好啊!

 那我也想啊!可是怎么做才行呢?

 关键在于时机!不要与对手斗争,要趁对手不在时出手啊!

 哦哦,原来如此!

 我住在撒哈拉沙漠,那里非常热,沙上的温度有时会高达60℃。估计大家多半会说"太热啦!""太苦啦!""要热死啦!"。但是我呢……

 我却认为"这反而是个机会"呢!

 什么!怎么看也是危机吧?

 非也非也!是真正的机会呢!"酷热=危机"是大家的想法,只有我认为"酷热=机会"。也就是说,我反而没有对手了啊。

 被你说糊涂了……

 你想知道是什么机会吗?想知道对吧?那我就告诉你吧!

（这家伙倒是快"虫"快语）

刚才跟你说了，撒哈拉沙漠特别热！有很多虫子都被热死了呢！但是我呀，却偏在地表温度超过56℃时出巢呢。

啊？！那不是走向地狱吗！

嗯嗯，一般的虫子都是这么想的。但是由于太热，我们最大的天敌蜥蜴不会出来，其他虫子也躲在巢中，所以怎么是地狱呢？反而是天堂啊！

嗯，可那么热，你出来做什么呢？

觅食啊！

你吃什么呢？

啊，这个嘛……

被热死的虫子。

 嗯……

 灼热的沙漠是我们饵食的宝库呢!好多因酷暑而死的虫子!

 可是,你也有可能被热死啊!

 我脚长啊!行走时身体可以离开地面4毫米呢!你肯定觉得"只有4毫米有什么用处"吧?你肯定这么想!但是正因为有了这4毫米的间隔,使空气得以通过,因此能使体温比地表温度低5℃以上呢!而且我跑得极快,奔跑生风也助于降低体温。我奔跑的秒速是1毫米!厉害吧!你一定会想"只1毫米而已,有什么了不起",对不对?但以这个速度换算人类秒速的话,相当于212.5米(时速750千米以上)呢![①]

 厉害!真厉害!(一口气能说这么多,也够厉害!)

---

① 沙漠蚂蚁想说的是:身长8毫米的沙漠蚂蚁的奔跑秒速为1毫米,相当于身高170厘米的人类的秒速是212.5米。只是举个例子而已。

当然也存在风险,无论怎么努力降低体温,也是有极限的。然而没有任何风险就能获得的东西太少了吧!

嗯,说来说去还是要自己拼啊……

还有啊,在困境时如果连连诉苦的话,会使自己和身边的人都觉得更苦而更加情绪低落。所以我在困境时,会对自己说"反而……",这样可以给自己鼓劲儿!说实话我当然是害怕酷热的,弄不好就会热死的啊!

嗯,那你能在酷暑中待多久呢?

最多5分钟左右吧。有句谚语是这么说的……

"一寸的虫子五分的魂"! ①

这……这不是"五分钟"的意思啊!这是"一半儿"的意思!

啊?!

---

① "一寸的虫子五分的魂"的意思是:哪怕是弱小者,也有自己的倔强和坚持,绝不能小看。沙漠蚂蚁完全误会了意思。哈哈!

（这虫子不仅急性子,还冒冒失失的。）

好吧,反正呢,酷热时你说"太热啦!""不行啦!"是没用的,大家都这么埋怨诉苦,什么也得不到。只有逆向思维才可能获得不可能得到的东西。

虽然明白这个道理,但很难轻易尝试风险啊。

唉,人类就是这样的动物啊,没法子啊!

这怎么说?

以前人类被动物袭击和遭受自然灾害的风险度比现在高,对吧?所以在人类情感中,较之"开心""幸运"等乐观情感,"危险""不安"等悲观情绪就显得更为重要。他们是为了回避危险吧?也许是还保留着自我防卫的本能。比如网上,较之"赞扬某人某事"的消息,大家显然对"批判某人某事"更感兴趣。有人说"说坏话是人类最喜好的话题"。"共享不好的情报""让大家都知道",这其实也是久远年代遗留下来的本能吧。人类的历史只有短短的700万年左右[①],还在进化途中呢,这也是没法子啊!

700万年!还短短的?!

是啊,慢慢进化吧!如今像我一样善于逆向思维面对风险的人类也在慢慢增多呢!……呀!出去觅食的伙伴们回来啦!喂喂!欢迎回家!

你的伙伴冒的风险太大了吧,失败了……

哈哈哈!它正是气若"虫息"啊![②]

我可笑不出来!

越是这种时候越是要笑啊!一郎!

我叫太郎!

---

① 2001年在非洲乍得发现了被认为是距今大约700万年的人类最早的头骨。

② "虫息"在日语中表示将死之意。

沙漠蚂蚁的伙伴

沙漠蚂蚁的教诲

困境时把痛苦表现出来,会使自己和周围的人都越发消沉。越是这种时候越要对自己说"这也许是一次机会",这样想会活得快乐哦。像这样去逆向思维的人很少,因此其对手就会很少。"危机 = 机会"这句话虽是老生常谈,但的确表现了生命的真理呢!

对了,我虽然做不到像拟步甲虫那么苛待自己,但喜欢它的口头禅。它也常常把"反而""反倒是"挂在嘴上呢。

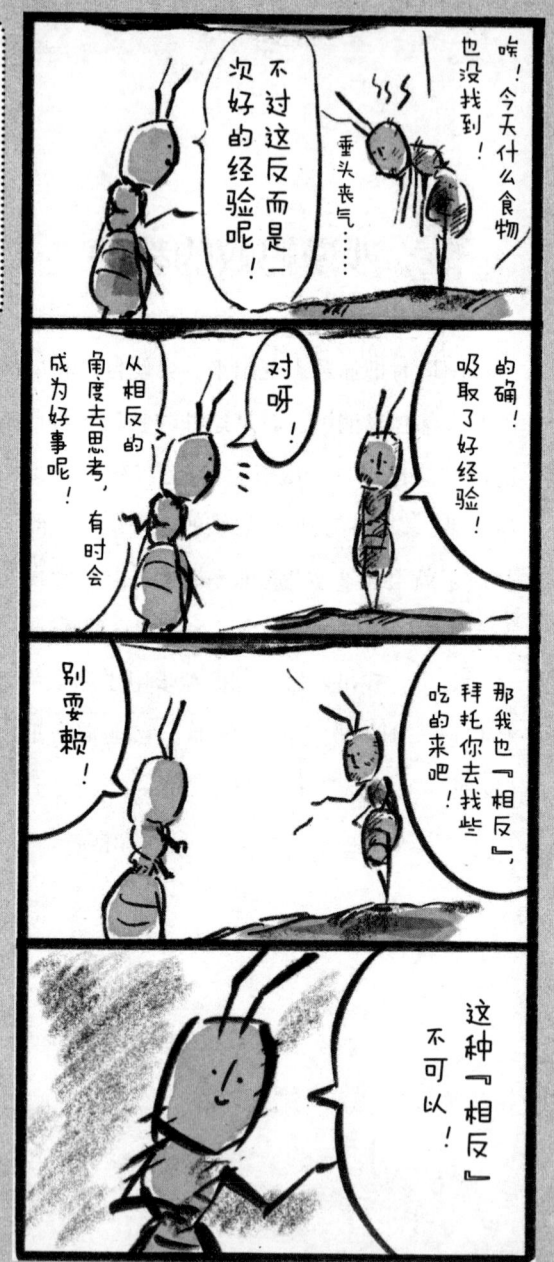

虫言虫语 5

不劳动的蚂蚁[1]

《伊索寓言》里有"蚂蚁和蝈蝈"的故事，里面对比描写了认真劳动的蚂蚁和懒惰的蝈蝈。就像寓言里描写的，一提起"蚂蚁"，大家也许就会联想到它紧张忙碌的样子。但其实蚂蚁里也有懒汉呢。

【2:8法则】

蚂蚁具有典型的社会性群体特征。女王蚁负责产卵；工蚁负责寻找和搬运食物，照料卵和幼虫，修理蚁巢等。然而，在某次研究中对150只工蚁进行了一个月的跟踪观察，发现工蚁之中其实存在着劳动的工蚁和不劳动的工蚁。因为劳动的工蚁与不劳动的工蚁的比例为2:8，所以也称为"2:8法则"。

【对"时机"的理解不同】

为什么会出现这样的情况呢？简单地说，就是因为每只蚂蚁对"劳动时机"的理解各不相同。有一直干个不停的工蚁；也有直到工作大量堆积起来才做的工蚁。这种对工作反应度的最小值叫"阈值"。阈值低的工蚁，遇到小事就会反应而马上工作；而阈值高的工蚁就要等到阈值低的工蚁忙不过来，觉得"需要工作时"才开始干活儿。不过，据说也有的工蚁一辈子不劳动呢。

这个现象如果换成人类，也许可以这样举例吧。假如有一个演示会将在一个月后举行，小A想"只有短短一个月了"，于是着急加班，他属于阈值低的工蚁；而小B却想"还有一个月呢"，于是就先下班回家了，他属于比小A阈值高的工蚁。但如果计划突然发生了变化，比如明天就要举行演示会了的话，那么小B也会加班的。工蚁也好，人类也罢，对"该工作了"的时机的想法，各有不同啊。

「可以依靠的人」，也许是「使你变得无能的人」。

喂喂，你来帮帮我吧！

蚕蛾（幼虫）

鳞翅目蚕蛾科

分布 中国、日本等地饲养（无野生）

体长 终龄幼虫①为70~80毫米
成虫为30~45毫米（身体伸直时）

---

① 终龄幼虫：指变成蚕蛹之前的幼虫。

喂喂,能不能请你把那里的桑叶帮我撕碎拿过来? 我肚子饿啦!

 咦?可以是可以,不过你不能自己拿吗?喏,给你。

 (边吃边说)喂,你们公司有没有让人觉得"有什么事交给这个人肯定放心"的、可以靠得住的人?

 (这虫子有点儿我行我素啊)……嗯,我工作的部门里没有这样的人。

 哦!那你太幸运了!(边吃边说)对了,你叫我蚕蛾,就行啦!

 (还真是一只我行我素的虫子呢!)……怎么说是幸运呢?

 太好吃了!(咽下去桑叶)有那种可以依靠的人,其实很危险的!不知什么时候,你就会变得像我这样啦!

 怎……怎么回事?

我们蚕蛾，自己什么也不会做啊！（边吸鼻子边说）是！我就是一只没人帮忙连食物也拿不到的可怜"虫"。

……那，我把你放在桑叶上，你总可以自己吃了吧。

也不行！

为什么？

因为我没有握力，握不住叶子。①

啊？！这，这怎么活得下去呢？

是的，所以我们蚕蛾没有野生的。我的伙伴们也是被人类饲养的。所以……我请求你……

什么？

给我拿些桑叶吧！

……好，给你。不过，你怎么会变得这么无力呢？

（边吃边说）这个嘛，我想来想去……

---

① 即使把蚕蛾放在桑叶上，它也会掉下去，完全没有握力。

（边吃边说）**这全都是人类的错！**[①]

这……你还怪别人！

（边吃边说）你看呀，人类全替我们做了呀！桑叶和做蚕茧的房间，都替我们准备好了呀！

对了，从蚕茧里可以抽丝吧？[②]

（咽下去）太好吃啦！是呀，人类特别重视蚕茧哟！

但你的握力连桑叶都握不住，也太无力了吧。

嘻嘻……

我可没夸你！

另外再告诉你吧，即使长到成虫，我也是不会飞的。

蛾竟然不会飞！！你没有翅吗？

---

① 蚕蛾是人类为了从蚕茧里抽丝而进行了品种改良的蛾。由于长期被人类饲养，它们已无法野外生存了。

② 蚕蛾的幼虫用两三天的时间做蚕茧，在蚕茧中成为蛹。一个蚕茧大约可以抽出1500米的绢丝。

翅是有的,但是不会飞。

 这……好像是拿不出道具的哆啦A梦的口袋……

 别再说啦!我们不需要飞就不会飞了,有什么法子呢。连交尾也是需要人类帮助的。

 这……

 总之,没有人类的帮助,我们是无法生存的。所以,我请求你……请你帮我再拿些桑叶来吧。

 ……给你给你。

 就这样靠人类的帮助……

 等一下哦!你让我给你拿了好几次桑叶,怎么一句"谢谢"都不说呢。

 啊,(边吃边说)你生气了?真抱歉呀!不过这也是……

人类的错!

 又是人类?!

(边吃边说)要说最初的时候呢,我们也是非常感激人类对我们的各种照顾的,但被饲养了几千年①,我们也就习惯了,不再感谢了。

 在那么早就被饲养了吗?

 蚕蛾大人的祖先大人名叫野蚕蛾……

 嘿嘿,你叫自己"大人"啊……

 你叫我的祖先大人"野蚕蛾"就行啦!

 不是一样嘛!

---

① 中国是世界上最早养蚕的国家,养蚕技术的起源可追溯到公元前21世纪的夏朝。

当我们还是野蚕蛾的时候,(边吃边说)成虫后当然也是会飞的。但作为家蚕被人类饲养了之后,全都不用我们自己做了,我们也就懒得做啦。**现在我们只动嘴就行啦。**

 嗯,你的确挺能吃的。

 必须啊!(边吃边说)但我只有在幼虫时才能吃啊。

 怎么说?

 因为我成为成虫之后就没有嘴啦。①

 ……怎么……都这么……那个……厉害哈……

 (咽下去)好吃啊!这就不说啦!反正就是人类全都替我们做了,所以我们就变成现在这个样子了。我说了这么多,其实最想说的是……

---

① 蚕蛾的幼虫一刻不停地吃,一直吃到成为无嘴的成虫。成虫交尾后十天左右死去。幼虫期是"成长";成虫期是"交尾",像这样明确分期分工的昆虫也有很多。

生物这种东西是很容易习惯的。 一旦适应了某种环境,就难以变化了。刚才我问你"有没有可以依靠的人",其实是想对你说,如果一味依靠别人的话,自己的能力就会减弱,要千万注意啊!

 看你的样子,真的特别有说服力。

 "习惯"是生物的强项,也是弱点。无论喜与愁,都会渐渐习惯,这是"自然的法则"。我之所以不说"谢谢",也是因为我已经习惯了依赖。因为我觉得你为我做这些是理所当然的。

 不说谢还这么理直气壮……

 如果你没有为我准备好桑叶,我甚至会生气,会想"为什么不为我准备"!不过,你们人类也有这种情况吧。如果被你一直依靠的人拒绝了,你会很生气,怪他不帮自己。

嗯,这种情况……有啊!

那其实就是只想着依靠别人,觉得有人依靠就放心了,而自己什么也不愿意做呗!就像我一样。但是**"有那个人在,就放心"这句话也可以说是"那个人不在,就很危险"啊!**肌肉总是不运动的话就会衰弱,头脑不用的话就会僵硬,这是一样的嘛。对了,除了吃以外,我也没别的什么事儿,所以常看法布尔的书,有这样一句话……

"如果遇到了困难,千万不要依靠别人。接受了别人的帮助,不仅不能从根本上解决问题,而且还会出现其他的新问题"。[1]

这,你听着刺耳不?

还没完呢!"重要的是忍耐和思考,还有自己学会去争取。"不自己去思考、去行动,肯定是不行的啊!

和你现在正相反呢……

你真没礼貌!我也有我的思考啊!

哦,比如呢?

---

[1] 法布尔写给弟弟的教诲摘录。

比如思考着"快点儿得到桑叶啊""桑叶太好吃啦""我要是一辈子不长大,只做幼虫该多好啊"……

 这……不是什么都没想吗?!

 因为我没办法呀!我早就习惯依靠人类了。况且……我也没必要考虑未来。

 怎么会呢?

 我是没有未来的。

 什么?……

 我作茧成蛹之后……

 就会被活活煮死了。①

 这也太悲哀了……

 可这也没法子啊！这就是过于依靠他人的命运哪！对了，我还有最后一句话要跟你说呢……

 请说吧！

 桑叶，再来点儿……

 ……好……

---

① 大多数的蚕蛾在作茧后就被煮死了。为了繁衍后代，被留下而得以成长为成虫的蚕蛾只有很小的一部分。

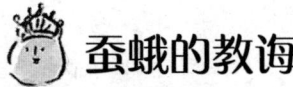
蚕蛾的教诲

　　一定要记住，身边有可以依靠的人是一件有危险性的事。如果你习惯了依靠某个人的生活，就会渐渐变得什么也不会做。一直依靠着某个人，不知不觉之间自身的能力就会退化。**这个世上最可怕的，就是能力缓慢的退化……**

　　还有啊，像我这样总是把"因为""可是"放在嘴边，给自己找理由的人，也许就是蚕蛾预备军呢！要千万注意啊！

虫言虫语 6

不劳动的工蚁²

【劳动的工蚁变成"懒汉"】

在上次的【虫言虫语】里介绍了"有的工蚁劳动，而有的工蚁不劳动"。那么如果将30只劳动的工蚁放在一起饲养的话，会怎么样呢？令人惊讶的是，一个月后，这些工蚁中的一部分竟变得不工作了；相反将30只不劳动的工蚁放在一起，一个月后有一部分的工蚁变得勤劳起来了。也就是说，在蚂蚁巢中，存在着劳动的和不劳动的工蚁是一种常态。

【不劳动的理由】

那么，为什么需要不劳动的"懒汉"呢？原来这些"懒汉"是为了应对紧急事态的后备军。倘若所有的工蚁都拼命劳作的话，那么，当出现因疲劳而不能工作的工蚁时，就没有工蚁能代替它的工作了。为了防止这样的情况发生，蚁巢里都会存在着不劳动的"懒汉"。

【年老的工蚁要担负危险的工作】

顺便说一下，年轻的工蚁和年老的工蚁担负的工作并

不一样。年轻的工蚁主要在巢中从事危险性很小的工作，比如照顾卵和幼虫等。而一旦上了岁数，就要到外面去从事觅食、搬运食物等危险性高的工作了。这对维持蚁巢很重要，不让能长期劳动的年轻工蚁涉险，而是要将危险的工作交给不能长期工作的年老工蚁去做。

实际上，蜜蜂的生态与蚂蚁是很像的。工蜂年轻的时候负责打扫蜂巢，扇动翅调节巢中的温度等，都是在蜂巢周围，从事比较安全的工作。当它们年老时，就要去外面担负采蜜等比较危险的工作了。

也就是说，我们平时在外面看到的蚂蚁和蜜蜂，可能都是老人家呢。

如果立场发生变化，「好恶」也会随之发生变化。

七星瓢虫

鞘翅目瓢虫科

分布 中国、日本、朝鲜等亚洲及欧洲地区
体长 5~9毫米

喂,你刚才一进杂木林就对着蚂蚁唉声叹气,说公司里没有人帮你,是吧?

 是啊,怎么了?

 听你的口气,好像认定了是"他们不好"吧。但是你知道他们是怎么看你的吗?

 ……(这话听起来不舒服)

 哎哟!你别把"这虫子真讨厌"的表情写在脸上好不好!

 ……(镇静镇静)

 怒火中烧了吧?

 喂!你要是想激怒我的话,就走开!

 哎哟哎哟,抱歉啊!我不是要惹你不高兴啊!我是想说……

"立场不同，想法也会不同"。比如你刚才知道了"蚂蚁与蚜虫的协力关系"，你怎么想？

怎么想？很好啊！"想获得的话，就要先给予"，非常有道理啊！

可是呢，对于我们瓢虫来说，就不这么想了。因为蚜虫是我的食物呀！蚂蚁是在妨碍我捕食呢！说真的，想起蚂蚁**我就想吐**！

……也不用说得这么刻薄吧！

我说话难听，不好意思哈！但我就是讨厌蚂蚁，它是我们可恶的敌人。对于蚜虫来说，蚂蚁是安心的好朋友，对吧？所以说啊，立场不同，想法就会不同的。如果从人类的角度看的话，农民讨厌吃农作物的蚜虫，把它们称为"害虫"，而把吃掉蚜虫的我们（瓢虫）称为"益虫"，对我们很有好感呢。你看这张表：

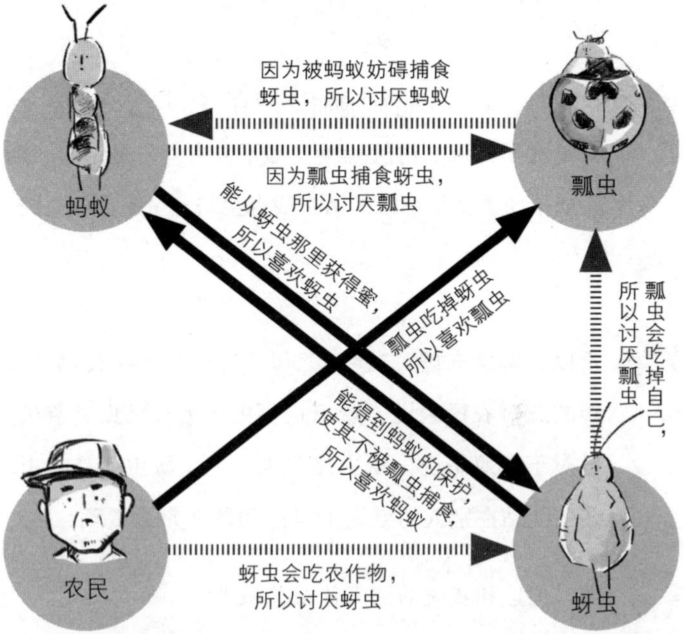

蚂蚁 ← 因为被蚂蚁妨碍捕食蚜虫，所以讨厌蚂蚁 — 瓢虫

因为瓢虫捕食蚜虫，所以讨厌瓢虫

能从蚜虫那里获得蜜，所以喜欢蚜虫

瓢虫吃掉蚜虫，所以喜欢瓢虫

瓢虫会吃掉自己，所以讨厌瓢虫

能得到蚂蚁的保护，使其不被瓢虫捕食，所以喜欢蚂蚁

农民

蚜虫会吃农作物，所以讨厌蚜虫

蚜虫

原来如此……的确是立场不同，看法会完全不同啊！

对吧？所谓"看法"，立场一变，马上就会变的。所以呀，不要单方面地责怪别人，认为自己是对的，别人都是错的……

你觉得我们都只顾自己的利益,对吧?
不过我虽然那么讨厌蚂蚁,却不去责备它是错的。因为如果换了我是蚂蚁的话,我也会与七星瓢虫作对的。

 ……

 所以,调整立场,"喜欢"和"讨厌"往往会轻易反转的。对农民来说,蚜虫是害虫,七星瓢虫是益虫;可对于蚂蚁来说,蚜虫是益虫,七星瓢虫才是害虫。能不能站在别人的立场上考虑问题非常重要啊!

 嗯,但这和我说的话有什么关系呢?

 那我再举一个例子吧。前几天我在杂木林里飞的时候,从草丛后面突然飞出了一只蝗虫和我撞上了。我很生气地责备它说:"你怎么突然飞出来呢!"而蝗虫却说:"明明是你突然飞出来的啊!"于是我们就吵起来啦!

类似的事情，人类也有呢。

嗯嗯，最后我们和好了。那个时候我们才意识到，**你想责备别人时，别人也正想责备你呢！**

的确如此！被别人指责时，往往自己也是一肚子的不满呢！

哟！你看起来挺和善的，**长着一张连虫子都不忍心踩的脸**①，没想到说话也够直接啊！就是啊！责任只在一方的情况是极少的。你看，大多数的争斗都是所谓"善"与"恶"的斗争吧。但其实是……

---

① 在日语中，"连虫子也不踩"指温和、老实之意。

 "正义"与"正义"之间的撞击。 比如瓢虫和蚂蚁因为蚜虫而互相指责说"是你的错!"就是这种情况。两者都认为"自己是正义的,而对方是错误的"。它们都只站在自己的立场上考虑问题,然后去指责对方,与对方发生冲突……这真是太糟糕了!

……

噢，咱们回到原来的话题，如果你是上司，你会帮助什么样的部下呢？

 这个嘛……嗯，信赖自己的或是拼命努力的人吧……

 是啊，就像这样不只从自己的角度考虑，而是同时能够换位思考非常重要啊。你认为你的上司是"不帮助部下的、不称职的上司"，可是你的上司也许觉得你是个"不讨人喜欢的、不努力的部下"，所以不想帮助你呢。从对方角度设想，尝试能否改变自己是特别重要的事啊。

 但是，一个不帮助部下的上司，毕竟是不称职的啊！

 没错，上司的确也是有错的。

 那要改变自己的人，难道首先不应该是上司吗？

 嗯，也是也是……

 你可真麻烦啊！

 你也不用这么看着我呀！你的表情就像吃了一只苦虫……①

 如果我是你的上司的话，估计我也不愿帮助像你这样的部下。

 怎么说这种刁难人的话呢！……你这人心地不好哦！

 哈哈哈，我是瓢"虫"啊。

---

① 在日语中，"吃了苦虫的表情"是指苦涩、不快、让人讨厌的表情。

七星瓢虫的教诲

对对方心生不满时,你是否认为自己是"百分之百的正确"呢?在这种时候,不妨试着从对方的角度想象一下,只要用五秒的时间就行。**这个世界上的纷争大多是"正义"与"正义"的冲突,因此很难说全部错在对方。**

什么?什么?即使从对方角度考虑,你也觉得自己"百分之百正确"?这?这……只能说你的想象力有问题吧?

长处和短处是相伴相生的。

叶䗛
竹节虫目叶䗛科
- 分布 马来西亚
- 体长 约110毫米（雌）

喂喂!

 咦?……没有人呀?是错觉吧!

 喂喂!你怎么不理我呀!

 哇!叶子竟然说话啦!

 我是虫子呀!我叫叶䗛,你好啊!

 哎呀!……还真是虫子!

 我呀,除了颜色,连翅的形状也和叶子酷似呢!

 太厉害啦!这绝对是谁也发现不了啊!

 多谢夸奖!你看,看到叶脉了吧?[①]

 哇!这简直超越了相似的水平了啊!

 嘿嘿,要做就要做得彻底嘛!不过啊,太像叶子了,也有问题啊……

---

① 雌叶䗛有如同叶脉的筋和酷似枯叶的颜色,身体与叶子极为相似,而且每一只的颜色和形状都各不相同。

🌿 **因为太像叶子了，有时会被伙伴们咬错呢!**

🧒 这……这……太像了，看来也会出现其他问题呢。但能相似到这种程度，不就是成功吗!

🌿 哈哈，谢谢你的积极评价! 不过其实存在着严重问题呢!

🧒 什么?

🌿 我有"酷似叶子的身体"，这是我的长处吧? **但是有了这个长处，就会有短处啊!** 这是"自然的法则"，没法子……这就是为了获得"与叶子相似的身体"而付出的代价吧!

🧒 这……到底是怎么回事呢?

🌿 我虽然得到了"与叶子酷似的身体"，但是……

我不能飞了！①

 啊！！！

 那有什么办法呢！我已经获得了"与叶子酷似的身体"呀！我的翅不是用来"飞"的，而是用来"酷似叶子"的，这是我选择的结果啊。

 但是，不会飞的虫子……

 嗨，我不在意。不被天敌发现，我也没必要飞啦。我是想请你记住三件事，第一：**有长处就一定有短处**，就像我虽然拥有"与叶子酷似的身体"，却失去了飞行能力一样，**长处与短处是相伴相生的**。不要因为自己的长处而骄傲自满，重要的是要看到与长处同行的短处！就说我吧，我怎么也料想不到我不能飞了呢。

---

① 叶螨的雌性不能飞，而雄性是能飞的，但雄性却不如雌性与叶子那么相似。

（你还是在意啊……）

第二呢,听上去和刚才说得似乎有些矛盾,但其实是不矛盾的。**那就是不要太在意自己的短处。**比如"没常性"虽然是缺点,但也可能是"动作快"的优点呢。长处与短处都是相伴相生的,在你为自己的短处而烦恼的时候,不妨从侧面看一下自己。比如我,我有"不能飞"的缺陷,但我也有"不被天敌发现的优势",所以我并不在意我能不能飞……

我一点儿也不在意。

 ……嗯……你不必在意的。(看来它真的是很在意呢)

 谢谢啦!那你继续走吧,一路小心!

 唉?你不是让我记住三件事吗?第三件呢?

 啊,那第三件事就是我不在意我能不能飞。

 你这是太在意了吧!

叶螬的教诲

长处与短处是相伴相生的。因此一定要知道即使你有令人骄傲的长处,也必定有短处。过于自信时,不妨想想这个道理。

相反,短处也会成为长处。这句话希望你在失去信心时想到它。而且某些世界是因为有短处才能看到的呢。不必过于在意。这没有……没有必要哈。

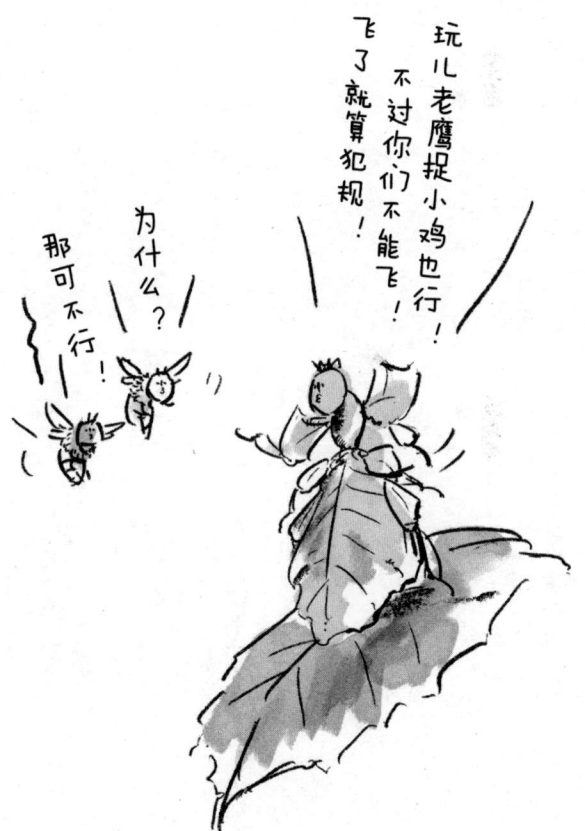

虫言虫语 7 昆虫的拟态

使自己的身体与周围的植物或其他昆虫相似,被称为昆虫的拟态。

【与风景相似(隐蔽拟态)】

枯叶蝶和枯叶蚱蜢的颜色与形状酷似落叶,以逃避天敌的攻击。大紫蛱蝶幼虫的颜色与树叶相似,也是同样的道理。还有些昆虫,像蟾蜍曲腹蛛那样,让自己的身体与鸟粪相似,或把自己的粪堆在身上用来隐藏。

【与某种气味相似(化学拟态)】

蚁蟋可以发出一种与蚂蚁相同的气味,使蚂蚁将它误认为是同类,因此得以与蚂蚁一起享用蚂蚁搬运回来的食物。此外还有褐纹大尺蛾的幼虫,它不仅使身体酷似树枝,还能发出与那种植

蚂蚁(左)与蚁蟋(右)

130

物同样的气味，使它可以躲避以目视捕食的鸟类及靠气味捕食的蚂蚁的两方面的攻击。

【与有毒的昆虫相似（贝氏拟态）】

无毒的虎天牛让自己与有毒的马蜂相似，装作有毒以保护自己。

【有毒昆虫两方互相近似（谬式拟态）】

金环胡蜂和黄马蜂等，它们的身体都同样呈黑色与橘黄色的条纹，是为了向鸟类等各种天敌发出警告，让天敌知道"黑色和橘黄色的条纹是危险的"。

昆虫的拟态绝大多数是为了免受天敌的袭击，从而保护自己。但是其中也有像兰花螳螂那样的昆虫，使自己的身体与自然风景相似，等待着猎物走近，然后趁机捕获。

马蜂（上）与虎天牛（下）

用『特长×特长』来突破!

咚!

长戟大兜虫

犀金龟科

分布 中南美洲(厄瓜多尔等地)
体长 46~178毫米

刚才叶竹节虫说得好!"长处与短处是相伴相生的。"

 你可是"昆虫之王"啊!还有什么短处吗?

 哈哈!是啊!都称赞我的角"实在太帅"啦!只要有昆虫人气投票,我们就是绝对的第一!

 是吗?……那真太厉害啦!(这是有多自恋呢)

 你说什么?想看人气投票的结果?

 我没说啊,我知道你是最受欢迎的昆虫,其他的就不用看了。

 哎哟,你就说"想看"嘛!拜托!

 这……你那么想给我看呢,那好吧!我想看。

 哈哈!你既然这么想看,那就给你看吧!这次特别哦!瞧!这就是投票结果!

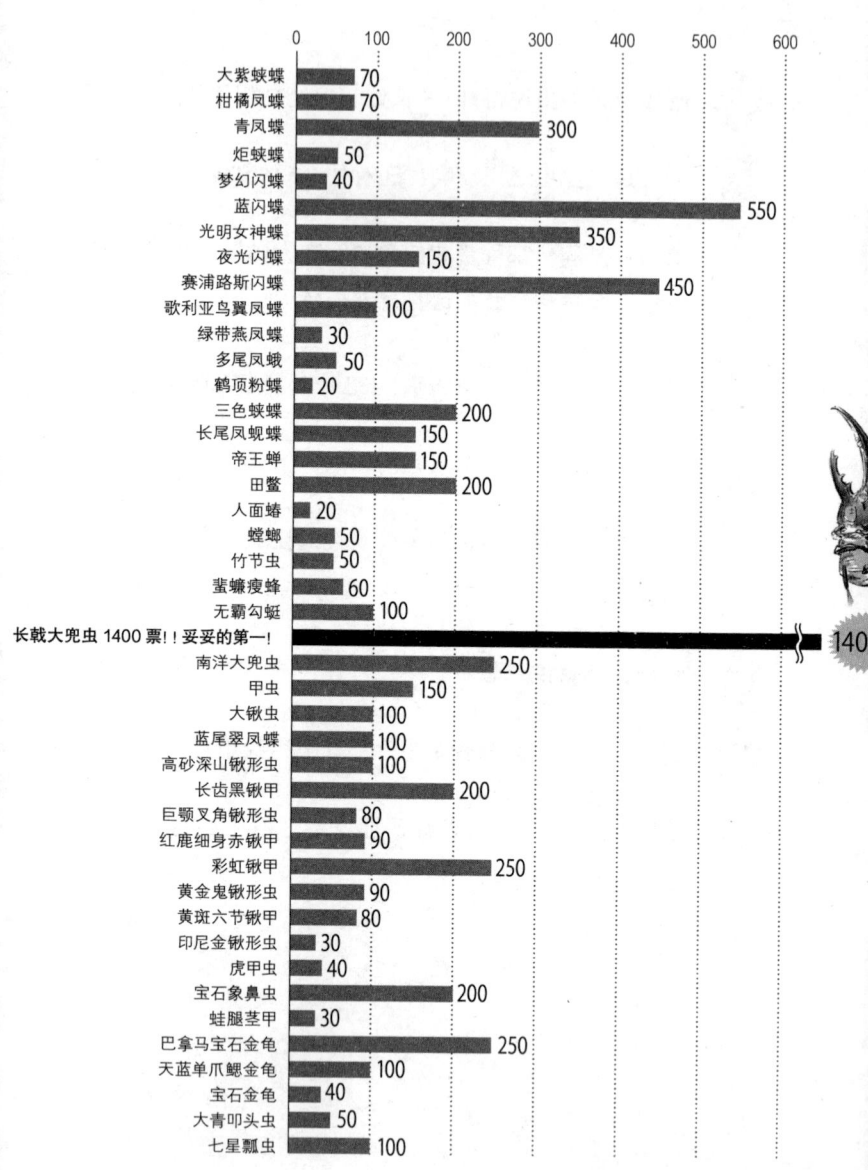

物种	票数
大紫蛱蝶	70
柑橘凤蝶	70
青凤蝶	300
炬蛱蝶	50
梦幻闪蝶	40
蓝闪蝶	550
光明女神蝶	350
夜光闪蝶	150
赛浦路斯闪蝶	450
歌利亚鸟翼凤蝶	100
绿带燕凤蝶	30
多尾凤蛾	50
鹤顶粉蝶	20
三色蛱蝶	200
长尾凤蚬蝶	150
帝王蝉	150
田鳖	200
人面蝽	20
螳螂	50
竹节虫	50
蜚蠊瘦蜂	60
无霸勾蜓	100
长戟大兜虫 1400 票！！妥妥的第一！	**1400**
南洋大兜虫	250
甲虫	150
大锹虫	100
蓝尾翠凤蝶	100
高砂深山锹形虫	100
长齿黑锹甲	200
巨颚叉角锹形虫	80
红鹿细身赤锹甲	90
彩虹锹甲	250
黄金鬼锹形虫	90
黄斑六节锹甲	80
印尼金锹形虫	30
虎甲虫	40
宝石象鼻虫	200
蛙腿茎甲	30
巴拿马宝石金龟	250
天蓝单爪鳃金龟	100
宝石金龟	40
大青叩头虫	50
七星瓢虫	100

哇啊!真的是压倒性的人气啊!

绝对优势的第一位!我是不是可以自豪得把鼻子翘高呢!

哈哈,高的不是你的鼻子,而是你的角吧。

对了,我可不仅仅是角帅哦,我还是世界最大的甲虫呢!

是嘛!的确是相当有气势的体魄啊!

还有啊,我的名字来自希腊神话中的英雄海格力斯。[1]

你的一切都太帅了!说实话,真有点儿忌妒你呢。

嘿嘿,你先别这么说!虽然我们这么有人气,但也有不擅长的事情啊!其实我呀……

---

[1] 海格力斯:最高神宙斯与人类女性之子,希腊神话中的英雄。

我的身体太重,不擅长飞行。①

 什么?这太意外了!不过被你这么一说,我也觉得好像的确没有见过长戟大兜虫飞行哦。刚才七节虫也说它不能飞,昆虫不能飞可真难为情……

 非也非也!我跟它可不一样!它是"不能飞行",而我是"不擅长飞行"!

 ……(好像没什么区别吧)

 不过呢,大家对我的印象就是帅啊,所以得知我不擅长飞行时,大家都和你一样惊讶呢!

 那当然!大家都想象你快速飞行的样子呢。

 对了,再告诉你一个我的弱点吧……

---

① 长戟大兜虫飞行时,要张开前翅,扇动后翅,摇摇晃晃的样子看起来比较笨拙。

或许你们有"长戟大兜虫=夏天"的印象,但是其实我们特别怕热啊!

 真的?!

 长戟大兜虫一般讨厌日照的地方,白天在土里休息,凉爽的晚上才出来,爬到树上舔食树液。

 哦,原来是"夜猫子"啊。

 请说是"夜行性"。①

 ……(差不多嘛)。

 不一样哦。与人类拖拖拉拉、到深夜也不睡的"夜猫子"可不一样。算啦!这个就不说了,我想说的是,像我这么有人气的虫子,也是有几处弱点的,可大家却不太知道这些弱点。因为大家把注意力都放在了我"长得帅"上,对我抱有好感。也就是说……

---

① 像甲虫那样白昼休息、夜晚活动的特性,称为"夜行性"。

只要有了好感，就会忽略对方的缺点了。
你瞧，一旦对我抱有"帅虫子"的好印象，就会只关注我的帅了，好像喜欢明星的粉丝一样啊。你可以让自己拥有喜欢你的粉丝啊，那样的话就连缺点也会成为你的武器呢。

 成为武器？怎么讲？

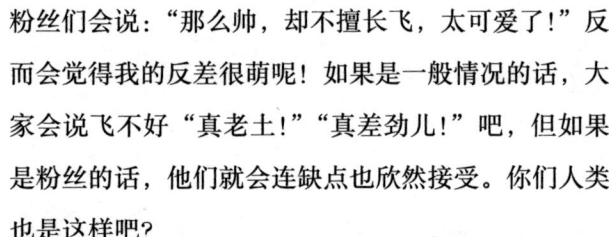 粉丝们会说："那么帅，却不擅长飞，太可爱了！"反而会觉得我的反差很萌呢！如果是一般情况的话，大家会说飞不好"真老土！""真差劲儿！"吧，但如果是粉丝的话，他们就会连缺点也欣然接受。你们人类也是这样吧？

 的确！讨厌的人的缺点真烦人啊！不过喜欢的人的缺点嘛，一笑了之了。

对呀!**同样是缺点,这个缺点在谁身上,**大家的感觉就会完全不同。从这点来说,拥有喜欢你的粉丝,是相当重要的事情呢!

 嗯,你有帅气的角,这个优点非常少见呢。

 也不是哦!只看"角"的话,那么其他甲虫也都有的。

 啊,也是!

 在昆虫之中,"有角"是很少见的,但在甲虫之中,"有角"则是理所当然的啊。所以我……

帅气的角+巨大的身体，我以此赢得了大家的喜爱呀！ 也就是说，把我的两个特长加在一起，起到了相乘作用。这就是所谓的"**特长×特长**"！对了，你有什么值得夸耀的特技吗？

 嗯，对自己的体力略有自信吧……

 看上去是这样哈。仅仅是"有体力的推销员"，这就比较普通了，但如果是"不仅有体力，而且会画画的推销员"的话，是否会给人以新鲜感呢？

 会啊，商谈的时候，如果一边画图一边做商品说明的话，一定有很多顾客感觉有趣呢。

 对方一旦对你有了好感，即使略有不满意之处，估计也能容忍一二。就像大家不怎么评论"不擅长飞行"这个弱点，是一样的啊。所以呢，你还有什么其他特长吗？

 啊？有点儿不好意思说啊……

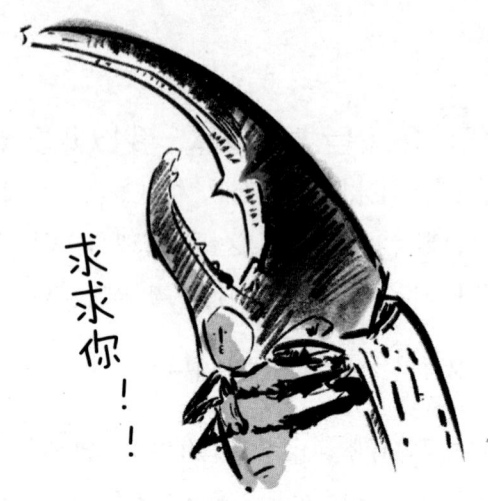

 求求你告诉我吧！告诉我吧！

 ……那好吧，我姐姐喜欢星空，所以受姐姐的影响，我有一些星座的知识……

 你是"有体力，又熟悉星座的"推销员啊……不过看着不像啊。

 喂！是你求我说的！

 武仙座①，喜欢不？

 哎呀！你是有多爱自己呀！

---

① 武仙座中有一颗巨星叫海格力斯。

 长戟大兜虫的教诲

仅靠一个优势去竞争是不行的!和你拥有相同优点的人太多了,你不会被注意到!

你至少要有两个优势,并把它们结合起来,才能使你的存在感脱颖而出。**用"特长×特长"去竞争!** 比如,你只是一个有体力的推销员的话,就会感觉比较普通;但如果你是有体力又懂星座的推销员的话,就很有个性了,随之就会出现对你感兴趣的人。而**对方一旦对你产生了好感,批评你弱点的情况就会减少。**

虫言虫语 8

昆虫的"翅"

刚才提到了甲虫不擅长飞行,接下来介绍一下昆虫翅的四种作用。

【1.飞行】

三亿年前,昆虫就在地球上飞行了,在以后的约一亿五千万年的时光里,地球上会飞的生物只有昆虫。由于会飞,昆虫得以逃避天敌,并广范围地存留了子孙。"飞行"这个能力,毫无疑问是地球上昆虫得以繁盛延续的一个契机。

【2.温暖身体】

昆虫在寒冷的时候,会张开翅吸收阳光,使体温上升。昆虫的翅也被认为是为了调节体温而变长的。顺便提一句,昆虫是根据外部温度调节体温的变温动物。与其相反,人类等哺乳动物则是基本保持一定体温的恒温动物。

【3.以翅的形状或纹样保护自己防止天敌袭击】

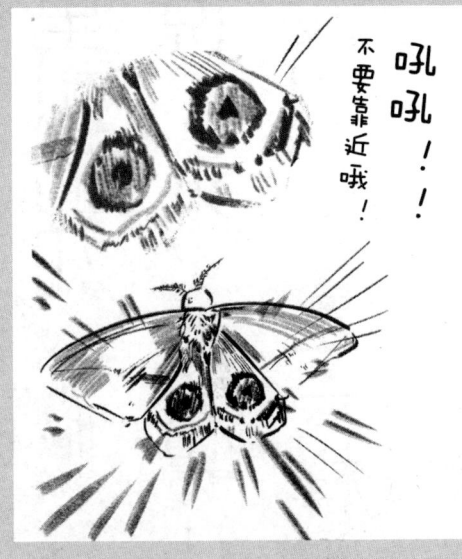

像叶竹节虫那样，将翅的形状和纹样拟态成叶子以躲避天敌的昆虫很多。此外，许多雌性昆虫的翅都非常不引人注目，这也是为了不被天敌发现。与此相反，也有一些昆虫的翅呈现出如同眼睛般的或者色彩花哨的纹样，这是在警告天敌，自己很危险！从而达到保护自己的目的。

【4.根据翅的形状及纹样易于找到伙伴】

对于雄性昆虫来说，翅的形状及纹样的特征还有一个益处，就是易于找到同种的雌虫。

心里想的却不说出来,那和『什么也没想』不是一样吗!

让我们跳舞吧!

孔雀蜘蛛
蛛形目跳蛛科

分布 澳大利亚
体长 约5毫米

喂,你好像对周围的人抱有很多不满啊,你把你的想法都跟他们直接说了没有?

 没有,没说,说了弄不好会惹麻烦。

 嗯嗯,不过呢,你不把自己的想法告诉对方,却埋怨对方不理解你,这是不是有点儿太自私了呢?

 不是这么说啊,一般的成年人都会对别人的心情有所察觉吧。

 那么,你周围的人都察觉到你的心情了吗?正因为他们都没有察觉,你才会对他们产生不满,不是吗?

 ……

 我给你举个例子吧!比如我追求一个女"虫"儿的时候,你猜我怎么做?

 怎么突然说这个?……我哪知道!送礼物?

 这么老土的事情我才不做呢!我呀……

 我用尽全力地跳舞啊!

 真老土!

 我一边跳一边把我肚子上平时别人看不到的花哨纹样给它看①,这就是告白!告诉它"喜欢它"的意思!你看,这么热情似火的蛛舞,它肯定会接受我的心意吧?

 这个嘛……我想它一定会明白你对它的心意。(但能否接受是另一回事哈)

---

① 孔雀蜘蛛的雄蛛在求爱时,会将腹部鲜艳的纹样扩展开来,抬足而舞。

是吧!所以首先要将你的心情表达出来啊!这非常重要!

 虽是如此,但你们昆虫也真轻松啊,只靠跳舞就能表达心情了。

 你……说什么?

 嗯?我说你只靠跳舞……哟!要是让你不愉快了的话,对不起呀!

 不是,你在这以前说什么了?

 真轻松?

 再前面!

 啊?再前面我什么也没说啊!我说昆虫……

 停!就是这儿!**蜘蛛不是昆虫!** ①

 抱歉抱歉哈!(哎哟,它因为这个生气啊?!)

 嗨,算了吧!不过我可不是那么轻松哟!因为如果我的舞没合雌蛛的意……

---

① 昆虫身体分为头部、胸部、腹部,有六足;蜘蛛的身体分为头部和胸部,有八足。因此,蜘蛛不属于昆虫。但蜘蛛也是一种很常见的节肢动物,常被人们误认为昆虫,所以也将其收录书中。

就会被吃掉！①

 什么？什么？！

 因此我必须付出全力去跳舞，要让雌蛛知道自己的心意啊！你以这样的真心向对方表达过情义吗？

 以性命为赌注地向对方表达，确实没有过……可是如果我把想说的话都说出来却没有被对方理解，或因此产生了争执，那不就更糟了吗？所以，我觉得我应该识相些……

 但是你不会死的！对不对？人类才轻松呢，真羡慕啊！

 ……（刚才说你"轻松"，看来你还记仇了哈）

 无论你对对方有什么想法，如果不表达出来，就和没想法是一样的！对方也许并非不理解你，有可能只是没有察觉而已。因此如果你真心去表达，或许对方会

---

① 孔雀蜘蛛的雄蛛求爱之舞如果没有被雌蛛接受，就有可能被雌蛛吃掉。

说"真抱歉！我没有觉察到你的心情"，而就此意外简单地就解决问题了呢！

哎呀，哪有那么容易的事！运气好的时候也许有吧！

也并非如此，人类是一种容易被"真心"打动的生物。如果你真心去表达，即使发生了冲突也是能够改变现状的。

嗯，真的会吗？

……看来你还是想不通哈！你不相信我的话，那么就像现在这样，什么都不说不表达好了！但是，我再说一遍！想法如果不说出来，就和什么也没想是一样的！

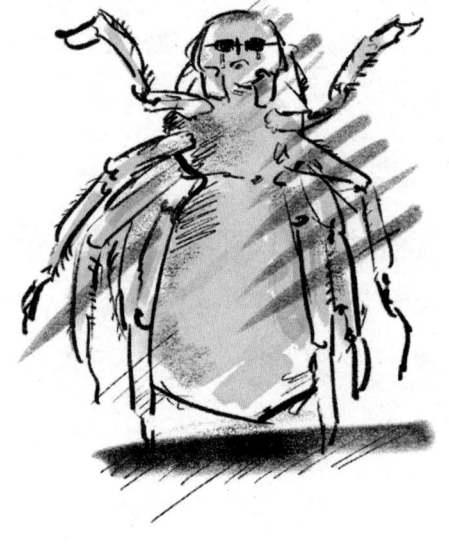

 ……

 像你这样的，根本不用语言表达，只看态度就足够让对方明白啦……

孔雀蜘蛛的教诲

当你对对方产生不满,埋怨对方"不理解"你的时候,要先想一想对方对你的真心是否有所觉察,这一点非常重要。你的心情让对方知道了吗?也许对方并非"不理解"你,有可能只是"没有觉察到"你的心情而已。你的心中所想如果不表达出来的话,从对方的角度来看无异于你没有想法。任何事情,都是从表达开始的!

下次要不要试试嘻哈舞呢……

虫言虫语 9

昆虫的求爱

大多数昆虫都是雄虫向雌虫表达爱意。雄虫们鸣叫、送礼物或发光等,向雌虫求爱的方式多种多样。

【金钟鸣虫、蟋蟀等】

两个翅摩擦发出鸣叫,向雌虫示爱。

【蝉】

振动腹膜鸣叫,向雌虫示爱。雄蝉的腹内近乎空洞,其身体构造易于传声。

蟋蟀

【舞虻类】

雄虫将捕获物作为礼物送给雌虫,有的舞虻类昆虫还会从足部放出白丝将捕获物礼貌地包起来再送给雌虫。不过也有的种类,送给雌虫的礼包是空的……

此外,长翅目昆虫和蚊蝎蛉科昆虫也是雄虫向雌虫送礼物示爱的。

【萤火虫】

雄虫们用腹内的发光器同时闪烁发光,因此距离较远的雌虫也能看到。

另外,萤火虫不仅雄虫发光,雌虫、卵、幼虫、蛹也会发光。发光被认为是它们为了与伙伴交流以及威吓天敌的手段。

源氏萤

此外,在萤火虫中,有的雌虫会模仿其他种类雌虫的光吸引雄虫靠近,然后再把雄虫吃掉。

距离太近,容易产生矛盾。

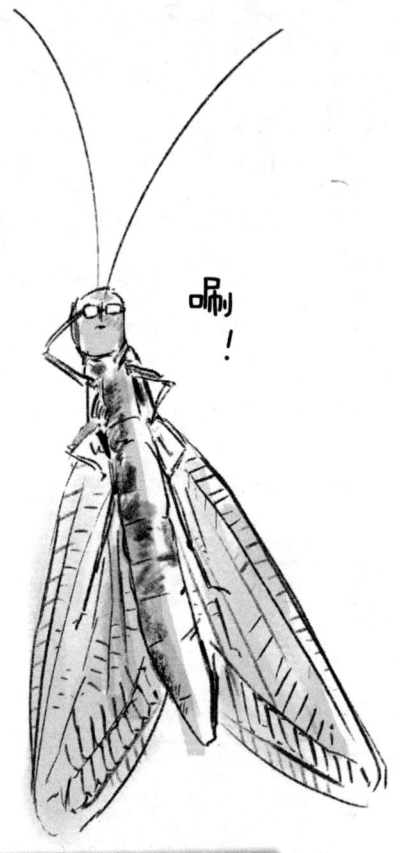

草蛉
脉翅目草蛉科

- 分布 中国、日本、朝鲜、欧洲等
- 体长 27~35毫米(伸展翅后的长度)

你好！听说你在公司的人际关系问题上有些烦恼？

 是的。（看上去是一只非常认真的虫子呢。）

 有烦恼在所难免啊！和每天一起工作的人接触时间多，也就容易发生矛盾啊。

 确实如此！很令人烦恼！

 昆虫的世界也是一样的！有像大黑蚁那样与周围的伙伴友好合作的，也有像沙漠蝗虫那样密集在一起同类相食的。对了，我们可以交换一下名片吗？我还有些事情要办，只能和你交谈5分钟左右。

 哦哦，好的，这是我的名片。我叫夏田太郎。

 非常感谢！"鄙虫"的名字是……

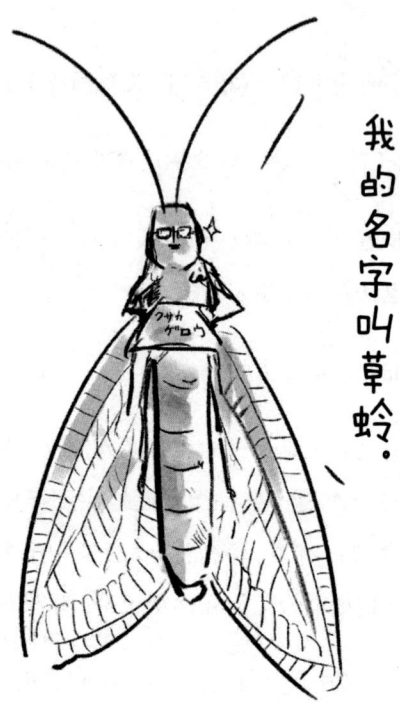

 鄙虫叫草蛉。

 ……你不用像"人"似的自我介绍啊。

 时间不多,我向你简单地说明一下生物的真理哈。

 生物的真理?

基本上来说，生物都是与离自己近的生物发生冲突的。比如和家里人可以不必顾虑，轻松自由地聊天儿，但同时也常常生气上火，对吧？另外，一个国家与邻国交恶，其实也是因为距离近，相互利害关系的接点过多而已。所以重要的是，不要与对方正面相对。

 与对方正面相对，不好吗？

 互相交流是非常重要的，但怎么说呢……如果过分正面相对的话，双方各有主张，互相碰撞，往往会变成相互伤害……考虑问题应该把视野扩大呀。

 把视野扩大……什么意思？

 我举个我母亲的例子吧。我母亲产卵时，在植物的叶子上产了几十个卵，那时……

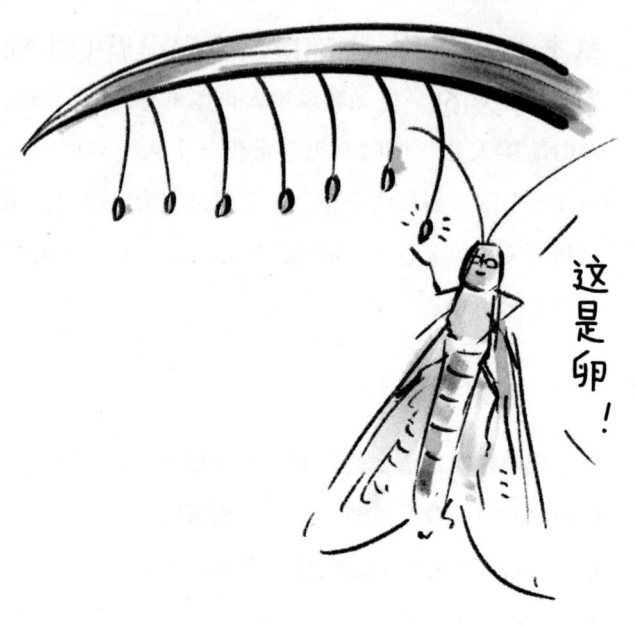

 母亲产卵时**特意在卵与卵之间留了间隔**。而且她没有直接把卵产在叶子上,而是做了一根像线似的东西,然后把卵产在线头上①。

 ……为什么这么麻烦呢?

---

① 草蛉的雌虫在叶子或茎上产卵时,首先从腹部分泌出一条细长的分泌物,与空气接触后,分泌物凝固成线状。草蛉的雌虫就把卵产在线状物的线头上。它像这样一边移动一边重复以上的动作,直到产下所有的卵。

有两个理由。一是为了保护卵不受天敌蚂蚁的侵害，卵和叶子有一定距离，叶子上的蚂蚁就不会察觉到卵的存在。

那第二个理由呢?

为了不同种相食。

原来你也是同种相食的虫子啊!

嗨，幼虫时代，我也是挺淘气的。

吃货吧……

不过多亏母亲产卵的时候留了间隔，所以我可没有同种相食，我是吃周围的蚜虫长大的哈。嗯，接着刚才的话题说，之所以产生同种相食，其实都是因为只看到眼前的事物而引起的。因此要减少这种对立……

不要与对方正面对峙，而应与对方一起眺望四周。扩大视野，共享美好的风景，并再次确认彼此应做的事情。这样的话，产生冲突的次数就会减少。当然，冲突降低到零是很难的。

 你的意思就是与对方共有一个目标吗？

 对，不过在此之前，首先要找到自己与对方共同的问题。所以与其说是共有一个目标，不如说是共同面对一个问题。如果有一个对方也同样面临的问题，那么彼此就容易相互协力了……就像面对共同的敌人时，大家比较容易团结一样，都是"自然的法则"。关键在于，不要把对方看作是"对方"，而应看作是"我们"。如果这样的话，目标不一致也无所谓。有的人想早早下班回家；而有的人想继续加油工作。大家的生活方式各不相同，这就是公司嘛。

原来如此！找出共同的问题！这样的话，上司与部下就不会相互敌视，就会把对方看成伙伴……我加油！

 我还有下一个预约，先告辞啦……

 等等，最后对我说点儿什么鼓励的话吧。

 嗯……你刚才说什么与上司消除敌视……嘿嘿！挺狂的哈。

 你会不会鼓励人啊！

 抱歉抱歉！我心里怎么想的就怎么说，没想的就说不出啊。

 那你就说和你心里想的相反的话吧，那不就成鼓励的话了吗？

 好吧,那我说**我一辈子都想待在这儿**!

 明白啦!你赶紧去赴约吧。

草蛉的教诲

如果你与某一个人的关系变得不睦，大多是因为你与那个人的距离太近了。所以与对方对峙是不行的，那样做只会使矛盾更加难以解决。要扩大视野，和对方一起放眼远望。先把"一对一"的问题放在一边，找到一个"你们双方"共同面临的问题。

如果你的想法不再是"我与对方"，而是变成了"我们"的话，那么很多事情就会迎刃而解了。

好啦！我告辞了！

昆虫的产卵及其后

虫言虫语 10

自己抚养幼虫的昆虫，只有蚁、蜂等极少数。大多数昆虫为了使幼虫在没有自己照顾下也能存活下来，采取了很多方法，比如大量产卵、选择适合幼虫生活的环境产卵等。

【蜣螂】

蜣螂的雌虫将动物的粪滚圆，然后把卵产在粪球里。从卵中出来的蜣螂幼虫吃粪便成长，所以蜣螂也被称为"屎壳郎"。

【象鼻虫】

象鼻虫灵巧地将叶子折叠起来，在里面产卵之后，再将叶子卷成筒状。出卵后的幼虫从叶筒的内侧开始吃，靠吃叶子成长。

【蚜虫】

雌性蚜虫在出生前就已怀

孕，成虫后不必与雄蚜虫交尾即可生子（没有卵期）。但是到了秋天就会和雄虫交尾，然后再产卵，这是为了让小蚜虫以卵的状态度过寒冬。

【田鳖】

交尾后，雄田鳖就会趴在卵上，用身体遮挡日光，也防止天敌的侵害。但是，如果它们被其他雌田鳖发现的话，卵就会遭到袭击和破坏。然后这只雌田鳖再与雄田鳖交尾产卵，同样让雄田鳖去保护卵的安全。

田鳖

【负子虫】

雌虫在雄虫的翅上产下约100个卵。这些卵在雄虫的翅上成长并受到雄虫的保护，一直到它们出卵成为幼虫。在此期间，雄虫无法飞行。

【蠼螋】

雌虫照顾卵和幼虫，死后被幼虫分食。

令人意外的是,『大家的幸福』和『个人的幸福』,其实并不一致呢。

你好!!

蜜蜂

膜翅目蜜蜂科

分布 中国、日本、美国等干旱和温带地区

体长 12~13毫米(工蜂)
17~19毫米(女王蜂)

唉!又是蜂啊!

 我可是蜜蜂!你刚才碰到的是马蜂!马蜂总是袭击我们,是我们的天敌!①

 都是蜂,也会袭击啊?

 是!被马蜂袭击过的蜜蜂巢呀,简直比"**捅了马蜂窝**"的状态还糟糕呢!

 (哈哈,这又是一只喜欢搬用谚语的昆虫)

 马蜂甚至可以杀人的,很可怕吧。它们的身体也比我们大一倍以上呢,仅仅一只蜜蜂是不可能取胜的,所以被马蜂袭击的时候……

---

① 马蜂为了夺取蜜蜂的幼虫和蜜而袭击蜜蜂巢。

我们就一起把马蜂紧紧围起来!

 是吗?那要多少只呢?

 有时要几百只!

 不过,只把它围起来就能赢吗?……

 我们把它紧紧围起来,使它周围的温度升高而消灭它!我们蜜蜂在天气寒冷的时候可以振翅使体温上升,所以我们用这个方法一起提高体温,让马蜂周围的温度变得特别高! **这就叫作"热战"!**

 (这个词好像不是这么用的……)

 马蜂比我们怕热,我们可以耐得住约50℃的高温,而马蜂只能忍到45℃左右。因此,我们把温度升高到47℃左右,它们就不行了!

 只差几度!不过你们真了不起!

 我们这样一起保护我们的巢,有时……

也有为此作出牺牲的伙伴。比如最先冲向马蜂的蜜蜂以及围堵马蜂时离中心近的蜜蜂……它们会不幸遇难的。

唉,只能说是悲剧啊。

 不过,这种事情在人类世界也有吧?大家为了一个目标向前冲的时候,有的人却因为某些不尽如人意的情况而牺牲了自己。

 有啊有啊!……不好意思拒绝别人,因此别人把麻烦的事情全都甩给他了。(说的就是我啊!)

 也许这么说有些冷酷,但**只要是集体行动,就必定存在着某些牺牲。**

 虽然如此,但是付出努力的人得不到回报,这不是很异常吗?

 如果我没搞错的话,你认为"努力是一定会有回报的"吧?这种名言是有的,但实际上没有回报的努力实在太多了。还有这样的名言——"虽然不是所有的努力都会得到回报,但取得成功的一定是付出努力的人"。我觉得这也不全对。因为有的人只凭着才能、运气、鬼点子就顺利活下来啦!比如……

我。

啊？！

当看起来特别强的马蜂来袭时，为了不牺牲自己，我就装作在战斗，故意飞到外侧。

哇！你太狡猾了！……听了你的话，感觉努力的人好像傻瓜！

不过，"为什么遇到倒霉事的都是我！"——这样想的人可不只是你呀。尽管有程度以及情况上的差别，但每个人都会有"为什么是我"的想法。所有人都会这么想，你知道了这一点，会不会感觉轻松些？

你把自己撇得干干净净哈……

"大家的幸福"与"个人的不幸"是配套的。 因此以大家的幸福为目标的话,必定有一些人会遇到不幸。如果不幸落在自己的身上,那么"这次轮到自己了"——只好这么想了吧。当然我也丝毫不认为这种事情是好的,但这是"自然的法则"啊。

尽管如此,可是如果不幸总是轮到自己,或者不幸长时间持续,那也太辛苦了吧……

但是我们蜜蜂的不幸是死亡,你的不幸是无关性命的,对吧?

刚才蜘蛛也说过"你又不会死"这样的话,作为人类,我真难理解你们的话啊。

如果你总是这样埋怨的话……

会撞上"蜜蜂"的!

 蜜蜂?撞上的是"惩罚"吧!①意思完全不同啊!

 啊,是吗?唉,流泪的脸撞上了蜜蜂。②

 这意思也不对呀!

---

① 受到报应的意思。日语的蜜蜂与惩罚的发音相似。

② 流泪的脸撞上了蜜蜂,指坏事接连不断。

蜜蜂的教诲

只要是集体生活,就必然存在一些牺牲。 当不幸遇到这种牺牲时,你是轻轻放下,还是一直抱着情绪不放,这可能就是你幸福与不幸福的分水岭了。

最重要的是,无论什么时候都要保持好的心情。较之与总是不开心的人交往,谁都喜欢和心情好的人友好相处吧。

虫言虫语 11

作出牺牲的昆虫

在昆虫中，也有一些种类会为了保护伙伴而甘愿牺牲自己。

【桑氏平头蚁】(爆炸蚂蚁)

当它们被袭击处于劣势时，桑氏平头蚁就会崩裂体壁将贮存在腹中的毒液喷向天敌，以自己的死保护巢穴的安全。

【蜜蜂】

它们用自己的毒针刺了天敌之后，在把毒针拔出来时，连在针上的内脏就会随之脱落而导致蜜蜂死亡。但从毒针上分泌出的信息素可以发出危险信号，使伙伴们感知危险而聚集起来攻击天敌。

但是，马蜂在刺了天敌之后，自己是不会死的。

【叶甲虫】

被鸟类等天敌袭击时，叶甲

叶甲虫

虫就会从口中滴出一种红色、苦涩的液体（血淋巴液），这样一来，天敌就会把它们吐出来，而且以后再也不会袭击它们。被袭击的叶甲虫虽然受了伤，但警告了天敌，同时也保护了伙伴们不再受到威胁。

另外，瓢虫也会在被天敌攻击时，从足关节处放出黄色的血淋巴液。昆虫在受到袭击时从口中或关节放血的现象，被称为"反射出血"。

【竹节虫】

很多竹节虫的身体很细，没有翅膀，不能飞行。虽然它们可以拟态为植物，但也常常被鸟类所食。有些种类的雌竹节虫不用交尾就可以产卵。最近有研究认为，雌虫让鸟类捕食自己，是为了使子孙后代更广泛地存活。这种说法的理由是，研究者们发现有一些硬壳卵在鸟类的体内未被消化，而是直接被排泄了出来。而且从这些卵中还诞生了幼虫。雌性竹节虫很可能是以牺牲自己来弥补不能飞行的不足。

被鸟类吃掉的竹节虫

「保护什么」，就意味着「放弃什么」。

亮灰蝶

鳞翅目灰蝶科

分布 中国、日本、欧洲、非洲等地

体长 28～34毫米（展翅时的长度）

你……你好!我的样子比较老土,不好意思啊!

哪有?怎么刚一见面就道歉呢。我可没觉得你老土!(这是一只多么谦虚谨慎的虫子啊!)你的翅后部的那些圆形花纹,多美啊!

谢……谢谢你夸奖!我真开心!不过那些花纹不是为了时髦。

是吗?只那一处有花纹,真的很时尚呢!

其……其实,那不是时尚而是囮子①。

囮子?

是……是的。我的翅后部有圆形的花纹和突起的触角……

---

① 指捕鸟时用来引诱同类鸟的鸟。

 这样是为了看起来好像我的头部在后面。

 啊？那是为什么呢？

 不……不好意思！

 嗨,你不用道歉!到底为什么呀?

 是……是为了我真正的头不受攻击。如果被天敌击中了头部一下子就完了,所以我们会特意让天敌把翅当作头部去攻击,这样至少可以保住最重要的性命啊。

 原来如此!真是深思熟虑啊!

谢……谢谢!与其说是深思熟虑,不如说是苦肉计吧。如果能不受任何损伤地活下去,当然是最理想的啦!

 是啊!我在公司里也遇到过很多让我受到伤害的事情,真辛苦啊!和周围的人相处得不好,不满也越来越多,但很多时候只能妥协啊。

谢……谢谢共情!不过请允许我对你说一句话,我……

我是积极的妥协! 和你那种一般意义上的妥协可不同哦!

 ……(虫也不可貌相呢!看它那么谨慎小心的样子,否定的态度却是很干脆坚决呢!)

 什么事情都能如愿的生物,是不存在的。因此,**在发生问题之前,我就把可以放弃的东西准备好了。**

 准备好的就是后部翅的花纹和突起,是吗?

 是的。在有绝对不能放手的东西的时候,就要**积极地妥协一些可以让步的东西**。这是"自然的法则"。比如我,我的性命是不能妥协的,为了保护性命,我甘愿牺牲身体的一部分。

原来如此!重要的是"保住什么""放弃什么"啊!积极的妥协,这真是个有新意的思考方式!早点儿告诉我就好啦!

(飞快地说)在有绝对不能放手的东西的时候,就要积极地妥协一些可以让步的东西……

是请你"早"点儿说,不是"快"点儿说!①

对……对不起!

不用道歉!我要感谢你才是呢!托你的福,我的思考方式改变啦!我也不再做无意义的妥协,而要努力考虑事情的重要顺序,做积极的妥协。找到合适的妥协点而且活下去,你和我都是一样的啊。

不……不……

---

① 日语中"早"和"快"的发音一样。

 不一样！我已经做到积极的妥协了。

 说得真直接！可我也会努力的。

 对……对不起！说过分了！

 没有没有！不用道歉啊！（与最初的印象完全不同，它一点儿也不谨小慎微啊。）

# 亮灰蝶的教诲

这个……这个……只要活着，就会有很多需要妥协的事情。一听到妥协这个词，很多人会觉得消极悲观，但其实，**将不太重要的东西积极地妥协掉是一个好方法。**不能放弃的东西绝不放手，而其他的东西就果断让步。如此一来，既可以与别人友好相处，又可以守住自我。

学会了巧妙妥协，人生会变得更加快乐有趣。

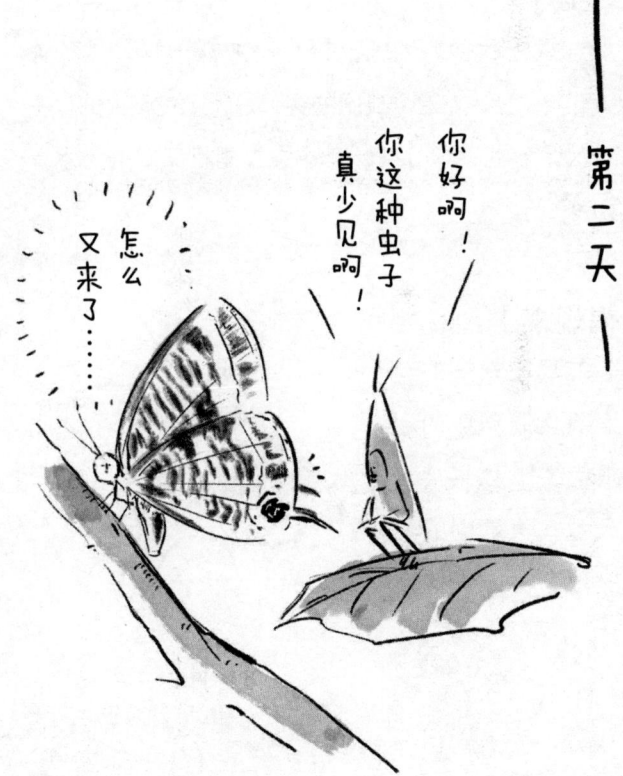

自拟态与自切

虫言虫语 12

在昆虫中，有些种类为了生存将自己身体的一部分拟态成其他部分，即"自拟态"；或切断自己身体的一部分逃脱，即"自切"。

【大水青蛾】

大水青蛾翅后端的细长部分与亮灰蝶一样，被称作"尾状突起"。一般认为这个显眼的突起是为了使天敌的攻击避开头部以保全生命。而且，有些失去尾状突起的大水青蛾依然能够飞行。

【蛇目褐蚬蝶】

很多蛇目褐蚬蝶的翅后部有着像眼珠般的纹样（眼状纹），如果被它们的天敌鸟类看到的话，鸟类就会去啄食这个眼状纹。

大水青蛾

【银小灰蝶的幼虫】

在遇到天敌威胁时,银小灰蝶会从尾部突起的触角中弹出两个绒球。这也是为了把天敌的注意力转向尾部。

旌翅颜蜡蝉

【旌翅颜蜡蝉】

旌翅颜蜡蝉的尾部有着像眼睛般的纹样和触角般的突起,而且它们还向后倒着走,以此保护头部不受攻击。

【竹节虫】

当竹节虫被天敌攻击咬住了腿时,它们就自断那条腿(自切)逃命。与送命相比,牺牲一条腿也算轻了吧。这与在受到攻击时,蜥蜴自断尾巴、螃蟹自断足等行为是同样的道理。

竹节虫(左)

不受伤,不是真正的强大。学会再生才是真正的强大!

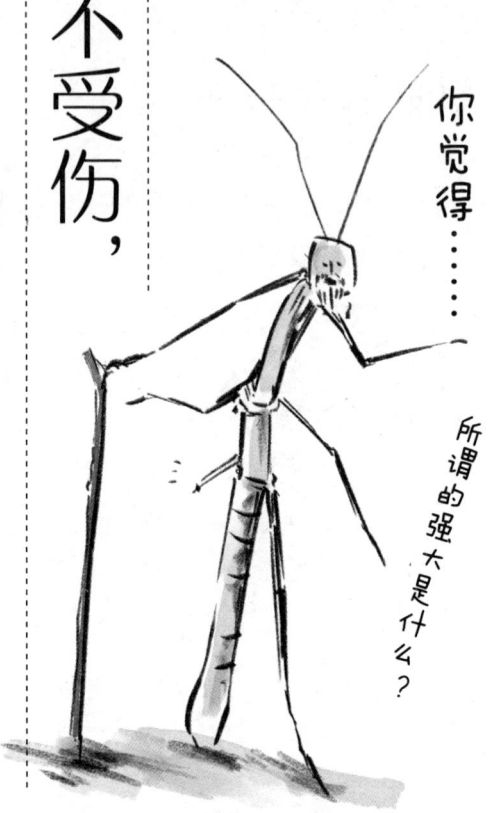

你觉得……所谓的强大是什么?

竹节虫

竹节虫目竹节虫科

分布 中国、日本等地

体长 65~112毫米

从这儿一直走,就是杂木林的出口啦!

 是啊,是曾经看到的景色呢!对呀,我刚才就是在这儿迷路的!

 你要回到你的日常生活啦!回到抱着对别人的不满而闷闷不乐的生活中去啦!

 你别这么说……其实我听了你们的话之后,想法有些改变了。回到公司后,我打算尝试一下和周围的人说真心话进行交流呢!

 这个想法太好了!不过能不能成功又是另一回事喽!

 你怎么总说这种消极的话……

 非也非也,不是消极,对你这样的年轻人来说,倒不如说是积极的呢。我之所以这么说,是因为……

 哦,请等一下!在你回答之前,我先问你一个问题……

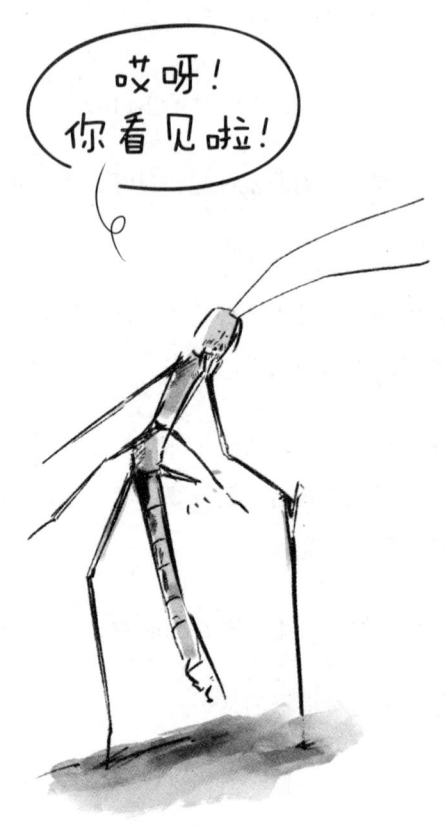

 你怎么少了一条腿呢?

嗨,别提了……三天前,一只螳螂突然出现在我面前,朝着我扑了过来……

……腿被它扯断了,是吗?

不是,它把我旁边的蝗虫吃了。

这就不用说了吧。

后来,我在草丛里走着,小鸟儿从我头上飞过,我想"这下完了"!可没想到鸟儿并没有袭击我,而是捕食了我旁边的毛虫……我不禁想啊,"这个世界实在太可怕了!"你不觉得吗?

我问你的腿呢?

哦哦!想起来了!我从年轻时就非常胆小,在草丛里走路时总是小心翼翼的,可刚才没注意撞上了一只螳螂,被它咬住了。

唉,注意力太不集中了吧……所以,腿被它咬断了吗?

不是……

 我自己取下来了。

 你自己？把腿取下来？！你说什么孩子话？……

对呀!保命重要啊!

虽是如此,但腿也不能再长出来了啊!

我,的确不能。

你不能,谁可以?

**幼虫的话,即使是断了腿也还会再长出来的。**①

真的??

是,不过像我这样的成虫就不可能了,身体已经变硬啦!

那你就永远一条腿了吗?

对啊。所以我有句话对你说……

---

① 竹节虫的幼虫即使失去了腿,在反复蜕皮的过程中还可以再生。

受伤，还是要趁年轻的时候。

 嗯，有说服力……

 **生物越成长就越僵硬，越难于应对各种变化。** 因此，趁着柔韧性强的年轻时还可以受伤，然后再生，否则，**长到僵硬了再受伤的话，那就是一辈子的伤痛**……就像我一样。

 是啊……当自己的想法和做法成为固定模式之后，周围人的建议和意见就都听不进去了。

 当然，这也是因人而异的。随着年龄的增长，身体虽然会越来越硬，伤痛也越发难以治愈，但心却是不同的。心是否变硬，每个人都不同啊！

的确！有的人从年轻时就很固执，而有的人虽然年老却还是头脑灵活呢。

刚才你说"听了虫子们的话，想法变了"，对吗？你还能接受别人的看法和想法。趁着年轻，多失败多受伤吧，不是坏事啊。

明白了……不过，我还是希望自己强大，尽量不失败、不受伤。

"不受伤"不是真正的强大。受了伤，学会再生才是真正的强大！只要你有想法，什么时候都能改变，而这种改变往往是在受伤之后。

感谢你教给了我这么有意义的道理！不过我有一个单纯的问题想问问你……你觉得自己已经僵硬到不能改变了吗？

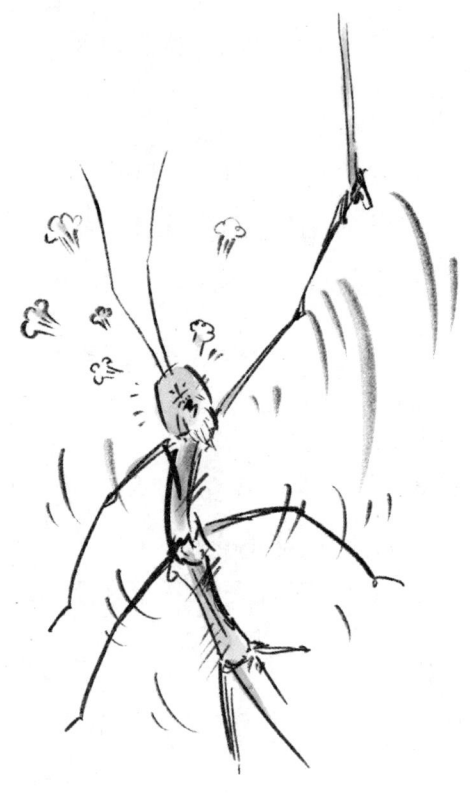

 **这太失礼了!** 变硬的只是我老人家的身体,我的心依然是少年呢!但现在我受伤了!受了很重很重的伤!一辈子也治不好啦!呜呜……

 你简直就是小孩儿嘛!

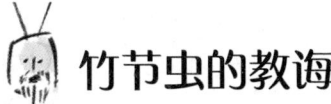 竹节虫的教诲

真正的强大**不是**"**不受伤,而是受伤之后还能再生前行**"。与其不去挑战不受伤,不如在心尚柔软的时候多受伤,多努力再生,如此才能坚强而柔韧地活下去。

而且,挑战也是保持心智年轻的好方法呢。

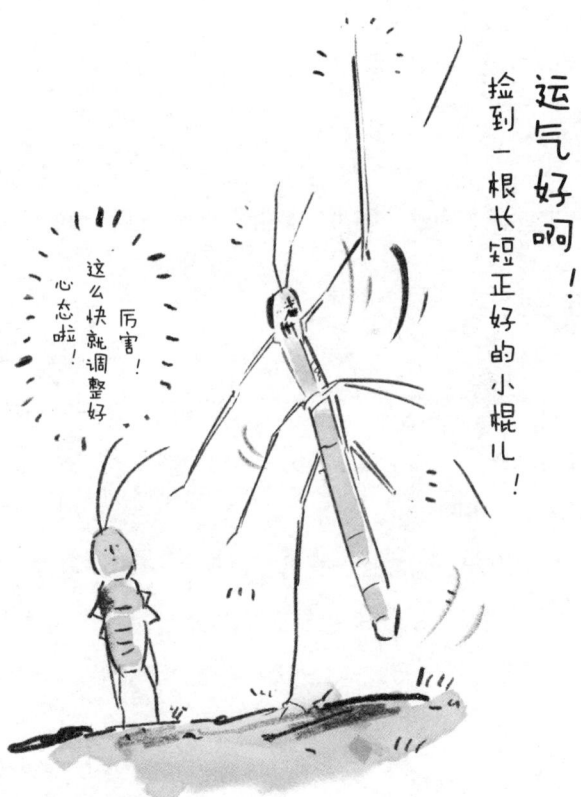

虫言虫语 13

完全变态与不完全变态

昆虫的生长方式基本上分为两种，即完全变态与不完全变态。

【完全变态】

卵→幼虫→蛹→成虫

幼虫经过反复蜕皮成为蛹，然后成长为成虫，成虫与幼虫在外观上会产生很大变化，约80%的昆虫属于完全变态。

完全变态昆虫有蝶、甲虫、锹虫、瓢虫、蜂、蚁等。

【不完全变态】

卵→幼虫→成虫

幼虫经过反复蜕皮之后直接成为成虫。在这种昆虫之中，成虫与幼虫的外观相像。（不过，蝉、蜻蜓的成虫与幼虫的外观却相当不同。）

不完全变态昆虫有蚱蜢、蟋蟀、竹节虫、蝉、蜻蜓等。

还有一些昆虫，从幼虫到成虫外形全无变化。这种情况叫做"无变态"或"不变态"。比如书蠹、水蚤等。

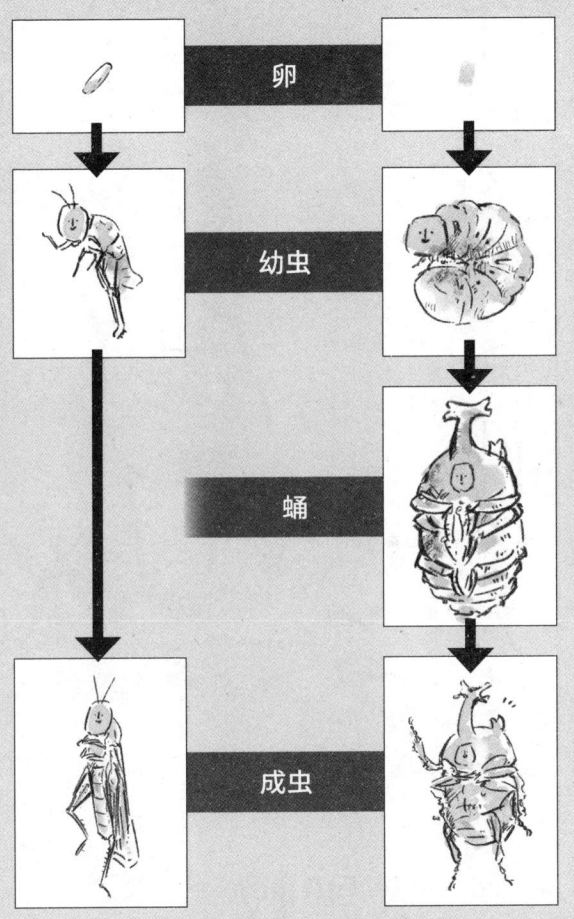

如果你真的对一件事入了迷,那就没有时间不满了。

大黑蚁

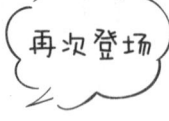

再次登场

这儿就是杂木林的出口啦!

 真是一段不可思议的时光啊!谢谢你特意来送我。

 最后你还有什么要问我的吗?

 没有什么了……哦,对了,为什么这里的昆虫都那么热心地告诉我好多道理呢?

 哈哈!这个理由太简单啦!你小时候和你的朋友经常在杂木林里玩儿吧?

 是呀!这是理由吗?

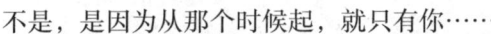 不是,是因为从那个时候起,就只有你……

只有你小心翼翼地走,不踩到虫子。你是这片杂木林里传说中的"**不踩昆虫的太郎君**"!所以大家为了感谢你,决定把我们所知道的"自然法则"都教给你!"不踩昆虫的太郎君",这个名字很棒吧?

 ……真没想到这么小的事情竟被你们记住了,我好感动!这个称呼真棒!你再说一次吧!

 再说一次？好！这个名字真棒吧？

 不是这个！是再叫我一次"不踩昆虫的太郎君"！

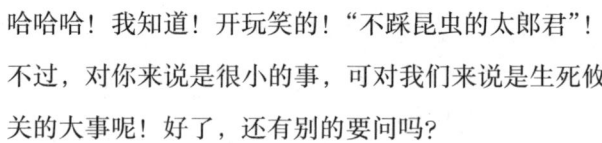 哈哈哈！我知道！开玩笑的！"不踩昆虫的太郎君"！不过，对你来说是很小的事，可对我们来说是生死攸关的大事呢！好了，还有别的要问吗？

 其实，我一开始就觉得……这里的昆虫好像都喜欢说俏皮话，喜欢笑，也喜欢逗别人笑，这是为什么呢？

这个嘛,是因为——苦。

苦?什么意思?

**活着本身就是一件很苦的事情。** 特别是我们这些虫子,无论什么时候都要面对死亡①。每天都会有很多伙伴失去生命。

可尽管如此,你们还拼命笑……

觉得苦的时候如果还说苦,那不是使周围的气氛更沉重了嘛!所以不说,至少可以用幽默来缓和一下气氛吧。

这是幽默的理由?!不过好像刚才有谁也说过类似的话。

其实呢,最合适的理由与其说是缓和气氛,不如说是给自己鼓劲儿吧。说些笑话,自然而然地会变得乐观一些呀。

真是拼尽全力地活啊……

---

① 在昆虫之中,能从卵成长为成虫的平均只有全体的1%~2%。昆虫的世界很残酷。

 对!我们为了生存拼尽全力,哪有时间伤心沮丧呢?比如眼看就要被天敌吃掉的时候,还有可能说什么苦吗?

 的确是……(这番话好像也有谁说过呀。)

 但是我们昆虫是地球上最繁盛的生物[①],正是因为我们全心全意地努力生存呀!哦,不!不是全心全意……

---

① 昆虫占地球生物总数的75%,可以说地球是昆虫的星球。

是"虫"心"虫"意地努力生存哈。

(又说俏皮话……)

只有拼尽全力活在当下,活在这个瞬间,才能全力去关心对方,全力改变自己。没有拼尽全力,才会产生不满和不安。如果你竭尽全力地生活的话,哪有时间去考虑那些事呢!不为过去后悔、不为未来不安,全力活在当下的瞬间——其实才是真正的幸福。法布尔不是也说过吗,连一分钟休息时间都没有的时候,人才是最幸福的。[1]

法布尔真是名言的宝库啊……

不过,人类受自古以来的影响,较之好消息,对坏消息更容易记忆。所以说人类要想完全没有不安和不满,也是不可能的。特别是你,你一个人背负的东西太多了!重要的是,在这样的时候,你不必总想着"怎么熬下去",而是告诉自己"歇一口气"。

---

[1] 这是法布尔于1879年11月4日写给儿子埃米尔的一段话。那一年法布尔55岁,《昆虫记》的第一卷终于得以出版。终卷(第10卷)出版于他83岁的时候。顺便提一下,《昆虫记》在当时几乎无人购买。

……太感谢了！之前我对自己的生活方式感到迷茫，对周围的人也心存不满，但听了你们的话，我决心改变自己，努力活在当下的每一个瞬间！多亏了你们，我才得以改变。人类有时失礼地把你们称为"小虫子"，我绝对不会这样称呼你们！昆虫老师！真心谢谢你们！

不好意思！别别！别叫我"昆虫老师"……

请叫我"昆虫大人"！

哈哈哈，分手的时候也不忘说笑话啊。

爱笑的虫子，运气不会差的。

……这个，好像用得不太合适……

还有，当你真感到辛苦时，千万不要勉强笑，不要为了忍住眼泪而朝上看啊，你可以试试朝下看。

朝下？

有我们啊。

大黑蚁老师!(泪)

好啦!该说再见啦!最后问你一个问题,你对人生虫心虫意吗?

是的!**我将对人生竭、尽、全、力!**

竭尽全力！

虫心虫意！
虫心虫意！
虫心虫意！
虫心虫意！
虫心虫意！
虫心虫意！
虫心虫意！
虫心虫意！
虫心虫意！

醒过来我觉得

好像做了一场梦

活着虽然不是一件轻松的事

但如果我真的可以和昆虫对话

那么那个时候它们会对我说什么呢?

图书在版编目（CIP）数据

写给孩子的生存智慧：假如能与昆虫对话 /（日）须田研司编著；（日）裴孜尔文；（日）树液太郎绘；赵晴译. -- 北京：中国画报出版社，2024.7
ISBN 978-7-5146-2052-8

Ⅰ.①写… Ⅱ.①须… ②裴… ③树… ④赵… Ⅲ.①心理交往—青少年读物 Ⅳ.①C912.11-49

中国国家版本馆CIP数据核字(2023)第205386号

北京市版权局著作权合同登记号：图字01-2023-5275

Original Japanese title: MOSHIMO MUSHI TO HANASETARA
illustrated by Juekitaro, text by Pezzle, supervised by Kenji Suda
Copyright © 2020 Juekitaro / Pezzle
Original Japanese edition published by President Inc.
Simplified Chinese translation rights arranged with President Inc.
through The English Agency (Japan) Ltd. and Shanghai To-Asia Culture Co., Ltd.

写给孩子的生存智慧：假如能与昆虫对话

[日] 须田研司 编著　[日] 裴孜尔 文　[日] 树液太郎 绘　赵　晴 译

出 版 人：方允仲
责任编辑：郭翠青
审　　校：王　甦
版权编辑：王韵如
责任印制：焦　洋

出版发行：中国画报出版社
地　　址：中国北京市海淀区车公庄西路33号　邮编：100048
发 行 部：010-88417418　010-68414683（传真）
总编室兼传真：010-88417359　版权部：010-88417359

开　　本：32开（787mm×1092mm）
印　　张：7.25
字　　数：100千字
版　　次：2024年7月第1版　2024年7月第1次印刷
印　　刷：三河市金兆印刷装订有限公司
书　　号：ISBN 978-7-5146-2052-8
定　　价：58.00元